Torr sommar

und andere schwedische Erzählungen
im Originaltext

Textauswahl und Erstellung der Wörterlisten und Übungen:

Frauke Natusch
Ann-Christine Olofsson

GROA

VERLAG

Torr sommar
© Vilhelm Moberg 1968

Sagan om rättvisa Gudrun
© Tage Danielsson 1964

Några valssteg till Haffners ära
© Birgitta Stenberg 2004
Published by agreement with Bengt Nordin Agency, Sweden

Der Verlag bedankt sich bei Sara Pers-Krause von Albihns Stockholm AB, Frau Märta-Stina Danielsson und Maria Enberg von Bengt Nordin Agency AB für die freundliche Erlaubnis zum Abdruck der Texte.

1. Auflage 2012

Illustrationen und Gestaltung: Stefan Guttke
Druck: Westermann Druck Zwickau

Printed in Germany - ISBN 978-3-933119-55-1

Besuchen Sie uns im Internet auf www.groa.de.
Unsere E-Mail-Adresse ist kundenservice@groa.de.

Liebe Leserin, lieber Leser!

Ermuntert durch die freundliche Aufnahme, die die bearbeitete Ausgabe von Astrid Lindgrens Erzählung „Samuel August från Sevedstorp och Hanna i Hult" erfuhr, stellen wir Ihnen hiermit vier weitere schwedische Schriftsteller im Originaltext vor.

Die „schwedischste" Erzählung in diesem Buch ist wohl Vilhelm Mobergs Novelle „Torr sommar". Mehr als 300 Worterklärungen erschließen Ihnen dazu den Reichtum der schwedischen Sprache.
Den Humor von Tage Danielsson lernen Sie in „Sagan om den rättvisa Gudrun" kennen. Dieses „Märchen für Kinder über 18 Jahre" wird sicher zu interessanten Diskussionen über das Thema Gleichberechtigung anregen.
Der Kurzkrimi von Birgitta Stenberg „Några valssteg till Haffners ära" ist die spannendste Geschichte dieses Buches. Birgitta Stenberg ist die Jüngste und einzige noch Lebende unter unseren vier Schriftstellern.
August Strindberg ist natürlich der bekannteste von ihnen, hier vertreten mit der Kurzerzählung „Ett halvt ark papper", eine Erzählung, die in keiner schwedischen Literaturanthologie fehlen darf.

Die vorliegende Bearbeitung ist für Fortgeschrittene ab dem B1-Niveau geeignet (gemäß dem gemeinsamen europäischen Referenzrahmen für Sprachen). Die Erzählungen sind im schwedischen Original belassen und mit textbegleitenden Wortübersetzungen versehen. Entscheiden Sie selbst, in welcher Reihenfolge Sie sie lesen möchten. Eine Verfasserpräsentation und ein Übungsteil rahmen jede Erzählung ein. Der Übungsteil erweitert und verbessert Ihre mündlichen und schriftlichen Kenntnisse der schwedischen Sprache und bezieht sich im Wortschatz auf die jeweilige Erzählung. Die Lösungen sowie eine schwedisch-deutsche Wörterliste finden Sie am Ende des Buches.

Wir wünschen Ihnen viel Freude beim Lesen der Texte und dem Bearbeiten der Übungen.

Kristianstad, Schweden, im Oktober 2007

Frauke Natusch und Ann-Christine Olofsson

Innehåll

Vilhelm Moberg (1898-1973)

är en av Sveriges mest lästa författare genom tiderna. Han levde mest i Småland och Roslagen, men även några år i Amerika.

Han började som journalist redan som 17-åring, men genombrottet som författare kom först 1927 med "Raskens".

Listan över romaner och dramer är mycket lång. Hans största verk är fyra böcker om utvandrarna från Småland till Amerika och innehåller både historieskrivning, socialt reportage och människostudium. "Utvandrarna", "Invandrarna" och "Nybyggarna" har filmats liksom många andra av hans romaner och dramer.

Vilhelm Moberg var uttalad republikan och engagerade sig som samhällsdebattör.

Den 9 augusti 1973 drunknade Vilhelm Moberg invid hemmet i Roslagen. I köket hade han lämnat ett brev som slutade: "Klockan är tjugo över sju. Jag går att söka i sjön, sömnen utan slut."

I novellen "Torr sommar" från 1948 är motivet det svåra nödåret 1868, vilket återkommer i "Utvandrarna" och andra böcker.

Några kända verk: Romaner: Mans kvinna, 1933
                                  Sänkt sedebetyg, 1935
                                  Rid i natt, 1941
                                  Utvandrarna, 1949
                                  Invandrarna, 1952
                                  Nybyggarna, 1956
                                  Sista brevet till Sverige, 1959
                                  Din stund på jorden, 1963
                      Dramer: Marknadsafton, 1929
                                  Änkeman Jarl, 1940

Vilhelm Moberg

Torr sommar
Berättelse från 1868

D et blåste aldrig västan den sommaren. Alltid östan eller nordöstan, och det var en torr och kärv vind. Det kom intet regn.

Redan före midsommarn började gräset bli hårt och strävt. Det prasslade under fötterna, när man gick över gärdet. Och klöverns blommor slog ut för tidigt och begynte krympa ihop och vissna. Det artade sig till en torr sommar.

Karl Oskar i Bockahagen steg ut på farstubron om morgonen, ännu oklädd, för att betrakta vädret. Han tittade över lagårdstaket, mot öster. Solen hade gått upp på en klar himmel. Bonden suckade, gick tillbaka in och tog på sig kläderna. Detsamma morgon efter morgon: Solen sken på klar himmel.

västan	milder, westlicher Wind
östan	östlicher Wind
kärv	hart
sträv	rauh
prassla	rascheln
klöver	Klee
slå ut	ausschlagen
begynna	beginnen
krympa	schrumpfen
vissna	welken
arta sig	sich gut anlassen
farstubro	überdachter Eingang
lagårdstak	Stalldach
sucka	seufzen

Anna, hustrun i Bockahagen, stod i köket och silade morgonmjölken.

- Korna våra sinar, sade hon.

- Ja, sade mannen. Ja.

För det var inget annat att säga. Ingen kunde förundra sig över siningen: Betet i hagen brändes ner av het sol under de långa junidagarna.

Detta år fick man börja slåttern redan i juni. Klövern vissnade ner, gräset nere i ängen stod moget, och om det fick stå längre i denna torka, så miste det musten och näringen. På backar och kullar lyste gräset redan brunrött, som blodet vid fäkreatursslakt. Det varslade om foderbrist och om djur som skulle dö för kniven vid sommarens slut.

Karl Oskar och Anna bärgade det lilla hö som blev i ängen. Man kunde nästan räkna stråna, som var så korta att de knappt följde med räfspinnarna. Vem hade sett en så ynklig höbärgning förr? Där man förr fick ett hästlass, räfsade man nu med nöd och näppe samman en mansbörda.

Bockahagen var bara ett sextondels hemman, en halvåtting, och de hade tillträtt stället när de gifte sig för två år sedan. De hade haft otur hitintills. Karl Oskar gick där nu i slåtterängen och var bitter. I fjol var det våtår och regnsommar, och höet ruttnade i bredorna eller flöt bort med vattenfloden. I år var det torrsommar, och höet förbrändes av solen. Vilket skulle man föredraga: Att höet

sina	aufhören, Milch zu geben
förundra sig	sich verwundern
bete	Gras
hage	Koppel, Weide
slåtter	Heuernte
äng	Wiese
mista	verlieren
must	Saft, Kraft
näring	hier: Nährstoffe
fäkreatursslakt	Viehschlachtung
varsla om	hier: bedeuten
foderbrist	Futtermangel
bärga	bergen
strå	Halm
räfspinne	Rechenzinke
ynklig	erbärmlich
hästlass	Pferdefuhre
räfsa	harken, rechen
med nöd och näppe	mit Mühe und Not
börda	Last
sextondel	Sechzehntel
hemman	Bauernhof
halvåtting	halbes Achtel
tillträda	antreten
ställe	Anwesen, Hof
hitintills	bisher
våtår	nasses Jahr
ruttna	faulen

ruttnade eller torkade bort? För en bonde gjorde det alldeles detsamma vilket. Han fick ta till kniven i vilket fall. I höstas fick de slakta en ko, till hösten fick de nog slakta två. Sedan hade de bara en kvar, jämte årskvigan.

göra detsamma vilket	gleich sein
jämte	nebst
årskviga	diesjährige Jungkuh

Den unga hustrun lyssnade till mannens harmsna utgjutelser medan hon räfsade. Men hon ville inte släppa sin förtröstan. Hon sade: Det kunde ändra sig än. De fick inte i förtid ge årets gröda förlorad. Det kunde bli skifte i vädret. Om det kom regn, så var vårsäden räddad, och det blev ett gott höstbete. Det kunde ändra sig.

harmsen	erbittert
utgjutelse	Erguss
släppa	aufgeben
förtröstan	Zuversicht
i förtid	vorzeitig
gröda	Ernte
skifte	Wechsel
vårsäde	Frühjahrssaat
bete	Weide

- Om det kom regn, ja. Men med denna vinn!

vinn = vind	

Karl Oskar lyddes inte till trösteord. Han fortsatte att gruva sig för framtiden: De var nybörjare, det var bara andra grödan som de nu bärgade. Första året missväxt, andra året missväxt - hur mycket kunde nybörjare i det lilla Bockahagen tåla?

lyddes = lyssnade	
gruva sig	unruhig sein
missväxt	Missernte

- Blir det oår igen, så är det en straffdom, sade Anna.

- Ett Herrans elände är det!

Hustrun stannade räfsan och såg på mannen.

oår	Notjahr
straffdom	Strafgericht
elände	Elend

- Missbruka inte, Karl Oskar! sade hon.

Anna var uppväxt i ett gudaktigt hem och levde trygg och viss i kristna läran och tron. Men Karl Oskar ansattes av tvivel på mycket av det, som han fått lära sig i katekesen. Han var inte alldeles säker på att Gud var

missbruka	missbrauchen
gudaktig	gottesfürchtig
viss	sicher
ansätta	bedrängen
katekes	Katechismus

god och hjälpte en människa när hon var i trångmål. Själv hade han flera gånger bett Den Allsmäktige om hjälp, när han suttit illa till, men någon bönhörelse hade han inte förmärkt. Nu skulle man först och främst hjälpa sig själv, och ingen kunde säga annat än att han gjort vad han hade mäktat med egna händer. Han låg inte på latbänken om dagarna, han var inte rädd för att kröka ryggen. Han vanvårdade inte sina åkrar här i Bockahagen, sina stackars fattiga och stenbundna åtta tunnland: Han plöjde och plantade, han sådde och harvade, han gödslade och bröt sten och han vätte åkrarna med sin svett. Men vad hade han haft för det hitintills? Nästan ingenting. Herrens väderlek var antingen för våt eller för torr. Sannerligen om Gud gav honom ett enda handtag här i Bockahagen. Alldeles tvärtom: Gud gjorde hans strävan om intet. Han fick ingen hjälp ovanifrån, hur flitig och arbetsam han än var.

Som nu här i ängen - de stackars spinkiga och korta höstråna, som de gick och räfsade samman ...

Grämelsen rann till och rann över hos Karl Oskar: Han tog hösudden på sin räfsa och slungade den ifrån sig - slungade den högt i vädret, upp mot himlen. Och i detsamma han gjorde detta ropade han uppåt:

- Har du taet det andra höet, så kan du ta detta med!

- Va gör du? Va säjer du?

trångmål	Bedrängnis
Den Allsmäktige	der Allmächtige
sitta illa till	schlecht davor sein
bönhörelse	Erhörung
mäkta	schaffen
latbänk	faule Haut
kröka	krümmen
vanvårda	vernachlässigen
tunnland	ca. ½ Hektar
plöja	pflügen
planta	pflanzen
så	säen
harva	eggen
gödsla	düngen
bryta sten	Steine entfernen
väta	benetzen
svett	Schweiß
ge ngn ett handtag	jmdm. helfen
tvärtom	im Gegenteil
om intet	zunichte
spinkig	spindeldürr
grämelse	Gram
hösudd	Heubüschel
slunga	schleudern
taet = tagit	

- Du hörde väl? Han däruppe kan taet!

- Karl Oskar! ropade hustrun i förskräckelse. Du smädar Gud!

Hösudden stannade på sin väg mot himlen, föll ned mot marken igen. Höstråna virvlade runt i luften, skingrades av vinden och spriddes vitt omkring.

Hustrun knöt händerna hårt om räfsskaftet och hon vitnade i kinderna. Mannen ville kasta höet tillbaka upp till Honom i höjden. Och hon såg med uppflängda ögon mot himlen som om hon väntat ett förkrossande svar på hans hädelser.

De stod båda stilla. Solen sken lika hett som förut över ängen, östan blåste som förut genom trädens löv, ett och annat höstrå flög omkring. Inget annat hände.

- Gud tröste dej! sade Anna. Gud tröste dej för dä du nu gjorde!

Karl Oskar såg bort, han svarade ingenting.

Och det unga bondfolket fortsatte att bärga sitt hö. Ängsladan som goda år brukade bli stoppfull blev denna gång inte mycket mer än bottenskyld. Det var full missväxt.

Torkan fortfor. I augusti månad stod lindarna gula. Rågen och kornet brådmognade och måste skäras. Brunnarna sinade och man bar vatten från gamla källor i skogen. Kreaturen stod vid stättorna hela dagarna, svultna och törstiga, och de råmade tungsint.

taet = ta det	
smäda	schmähen
virvla	wirbeln
skingra	zerstreuen
sprida	verbreiten
knyta	ballen
vitna	weiß werden
uppflängd	aufgerissen
förkrossa	vernichten
hädelse	Lästerung
trösta	trösten
dä = det	
stoppfull	bis an den Rand gefüllt
bottenskyld	nur der Boden bedeckt
fortfara	fortfahren
råg	Roggen
korn	Gerste
brådmogen	zu schnell gereift
källa	Quelle
stätta	Treppe über eine Mauer
svulten	ausgehungert
råma	brüllen
tungsint	schwermütig

Denna väderlek som varslade nödår började trycka på sinnena hos folk runtom. Människorna blev allvarliga och ruvande, lättretade och snara till gräl. Munterheten försvann, läpparnas leenden blev sällsynta. Inte heller hos barnen fick glädjen stanna kvar: När ett litet barn i sin ovetenhet skrattade fanns det alltid någon äldre i närheten som snäste det.

Det första folk gjorde om morgonen var att se efter moln på himlen. Det sista folk gjorde om kvällen var att se efter moln på himlen. Stundom mulnade det, men det var torkmoln, bara tomma rökar som for över himlen. De var bedräglighetens syner, dessa moln, de var villfarelser och sken. De gjorde dock den nyttan att de för någon stund skymde bort den förbrännande solen.

Varje klar morgon som kom var ett sviket hopp. Och östan fortsatte att blåsa. Den var den förödande vinden, och så länge den stod på skulle också torkan fortsätta. Det var västanvinden som hade regnet med sig. Östan var dödens blåst, västan var regnets och livets.

Rågen i Bockahagen stod hårt mogen och i fara att rinna ur axen, och det unga folket gick ut för att skära den. De tog sticktäcket från sin säng med sig på åkern och bredde ut det på stubben i skåran; på täcket samlade de rågstråna och band ihop dem till kärvar. De rågkorn som vid skärningen föll ur axen

trycka på sinnena	das Gemüt bedrücken
ruva	brüten
lättretad	reizbar
snar till gräl	leicht in Streit geraten
sällsynt	selten
ovetenhet	Unwissenheit
snäsa	anschnauzen
stundom	bisweilen
mulna	beziehen
torkmoln	trockene Wolken
bedräglighet	Trug, Täuschung
syn	Erscheinung
villfarelse	Irrtum, Wahn
sken	Schein
skymma	verdecken
föröda	verheeren
stå på	andauern
ax	Ähre
sticktäcke	gestrickte Decke
stubb	Stoppeln
skåra	Schnitt
kärve	Garbe

blev liggande på sängtäcket; så kunde de ta dem tillvara.

Karl Oskar skar säden, Anna tog upp och gjorde band åt nekarna, som blev liggande i rad efter dem, åtsnörda och smärta om livet. Anna plockade upp varje avbrutet ax och lade det varsamt på täcket. Till kvällen hade de samlat ett stop spillråg. Det blev ett par brödkakor. Vad skulle inte en brödkaka bli värd under den vinter som stundade?

Hustrun knöt ihop sängtäcket i hörnen och bar hem det. För två år sedan hade det varit hennes brudtäcke. Hon hade själv stickat det innan hon gifte sig. Hon mindes hur stolt hon hade varit den gången, då hon visat det för Karl Oskar. Det blev höljet för deras kärlek, för deras nätter tillsammans. Nu var brudtäcket med och bärgade deras bröd på åkern, hon bar hem det om kvällen som en påse under armen.

Karl Oskar och Anna hade hitintills levat i endräkt. De hade aldrig bytt förebrående ord förrän den gången vid slåttern, då mannen kastade hö upp mot himlen och smädade Gud. Anna hade förstått att han åtrat sig efteråt och själv känt skräck för sin gärning. Men sedan tycktes det som om hans bitterhet vänt sig emot henne. Han hade blivit förtegen och tillsluten utan att han riktigt visste skälet. Det var den svåra torkan som tyngde honom, men hon rådde ju inte för missväxten på marken. Det var Gud som rådde, och nu

ta tillvara	hier: ansammeln
nek	Garbe
åtsnörd	zusammenge-schnürt
smärt om livet	eine schlanke Taille
stop	Krug
spillråg	herausgefallener Roggen
stunda	bevorstehen
hölje	Umhüllung, Decke
endräkt	Eintracht
förebrående	vorwurfsvoll
åtra sig	sich eines anderen besinnen
gärning	Tat
förtegen	verschwiegen
tillsluten	verschlossen
skäl	Grund
inte rå för ngt	nichts dafür können

tycktes han begära att hon skulle stå på hans sida mot Gud, eftersom det var en hustrus plikt att stå på sin makes sida i alla skiften. Men vad han än begärde av henne - hon kunde inte stå stillatigande, när han betedde sig som en gudasmädare. Nu gick han där tyst och ordknapp, och det förtröt henne, så att hon i sin tur drog sig inom sig själv och gick och teg.

Så var det inte som förut emellan dem. De var inte ovänner eller osams, men inte riktiga vänner, inte riktigt sams.

Om det dagliga arbetet talade de med varandra som förut, på morgonen om det som skulle göras i dag, på kvällen om det som skulle göras i morgon. Och minst en gång varje dag sade någondera av dem: Att det inte kommer något regn!

Den unga hustrun bar allt lättare mjölkstävor från lagårn, hon hällde upp mjölken i sin sil och sade:

- De sinar, våra kor!

- Ja, sade han. Ja.

För det var inget annat att säga. Åt den makt som rådde för väderleken och stal mjölken ifrån dem kunde han inget göra. Stundom frestades han att knyta näven mot himlen och förbanna Honom däruppe, att förbanna Gud. Men någonting höll honom tillbaka. Gud tröste dig! hade Anna sagt. Han var rädd, ja, han medgav att han var rädd, att det var därför som han inte gjorde det.

i alla skiften	in allen Lebenslagen
bete sig	sich verhalten
förtryta	verdrießen
tiga	schweigen
ovän	Feind
vara osams	uneinig sein
mjölkstäva	Milcheimer
fresta	in Versuchung führen
näve	Faust
förbanna	verwünschen

Det som hände när de bärgade höet tryckte honom; han ångrade det.

Det torra vädret vållade alltmer förtret och elände runt i bygden. När man fiskade i sjön så fick man intet liv; all fisken gick ned på de stora djupen och kunde varken fångas i nät eller mjärde. När man jagade i skogen fick man intet byte; marken var så uttorkad, att ingen hund fick vittring av vilt. Och korna som hade varit hos tjuren blev inte i kalv; även detta elände vållades av torkan.

När de nu hade rågen bärgad, fick de knappast mer än utsädet tillbaka. Om han låtit rågen ligga kvar i sädesbingen i höstas i stället för att mylla ner den i jorden, så hade han besparat sig mycket besvär.

Gud hade en gång vid skapelsen anbefallt, att människan skulle äta sitt bröd i sitt anletes svett. Karl Oskar i Bockahagen begärde inte bättre än att få göra det. Han gjorde sitt: Han arbetade här på sin åker och gav sitt anletes svett. Hade han inte sedan rätt att fordra att Gud skulle ge honom brödet?

En natt blev han väckt av sin hustru:

- Det åskar!

Hennes röst darrade. Han satte sig upp i sängen och lyddes. Det mullrade och mullret upplöste sig i en skräll. En glädjeilning gick igenom hjärtat: Nu måste det komma regn!

Anna blev skrämd när åskan gick, hon satt med händerna knäppta som till en bön. Karl Oskar gick ut och ställde sig i bara skjortan

vålla	verursachen
förtret	Ärger, Verdruss
bygd	Gegend
nät	Netz
mjärde	Reuse
byte	Beute
vittring	Witterung
vilt	Wild
elände	Elend
sädesbinge	Kasten für die Saat
mylla ner	mit Erde bedecken
skapelse	Schöpfung
anbefalla	befehlen
anlete	Angesicht
fordra	fordern
mullra	grollen
skräll	Knall
glädjeilning	Freudenschauer
knäppa händerna	die Hände falten
bön	Gebet

på farstubron. Det susade i luften, strida, feta regndroppar började falla. Nu skulle det komma! Nu måste det komma! Och hans bitterhet vek undan och han tänkte: Man skulle inte misströsta. Kanske Gud ändock var barmhärtig och ville hjälpa människorna.

Han gick in till hustrun igen. Mullret kom tillbaka och det ändade åter med en skräll, hårdare än den förra. Det lät som om ett lass med småsten vältes över ett plåttak. Och ljungeldens ljus skar dem i ögonen, skarpt och bländande.

Anna skrek till:

- Hon slog ner!

Det hördes så, mumlade han. Och om hon slog ner, så var det nära.

Det regnade litet därute; dropparna var stora, men glesa. Det tycktes gå trögt för regnet att komma i gång.

Karl Oskar kunde inte hjälpa regnet att falla, han gick och lade sig igen. Anna var rädd, hon bad att han inte skulle somna så länge åskvädret pågick. Han lovade det.

Det strida regnet dröjde. Men plötsligt hände någonting annat: Ett ljussken lyste upp fönstret. Bonden och hans hustru rusade upp ur bädden.

- Hon har tänt eld!

- Gode milde Gud!

- Det brinner!

De kunde se elden genom fönstret: Det brann någonstans nere i ängen.

strid	strömend
vika undan	nachgeben
misströsta	verzweifeln
ändock	trotzdem
plåttak	Blechdach
ljungeld	Blitz
gles	vereinzelt
trög	träge

- Ladan! skrek Karl Oskar. Hon slog ner i ladan!

De sprang ut, halvklädda. De vindade upp var sin hink vatten ur brunnen och skyndade med hinkarna nedåt slåtterängen. Vattnet skvalpade ut, och när de kom fram var kärlen bara till hälften fyllda. Men det gjorde detsamma: Ängsladan var redan övertänd, lågorna stod högt över det torra spåntaket, som brann som fnöske. Ett par hinkar vatten gjorde nu varken till eller ifrån.

Det var en glad och glupsk eld, som fått läcker mat att äta, en gammal torr hölada. Karl Oskar och Anna gick så nära de kunde för hettans skull, så stannade de med sina vattenhinkar i händerna och stod där bara och såg på elden, häpna och förundrade, liknande ett par barn, som hör en gruvlig saga berättas, en saga som gudskelov inte är sann.

vinda upp	hochwinden
skvalpa	schwappen
kärl	Gefäß
övertänd	in Flammen stehen
låga	Flamme
spåntak	Spandach
fnöske	Zunder
varken till eller ifrån	keine Bedeutung haben
glupsk	gefräßig
läcker	lecker
hetta	Hitze
häpen	erstaunt
förundrad	verwundert
gruvlig	schauerlich
saga	Märchen
gudskelov	gottlob

Folk kom springande från granngårdarna. De försökte inte heller släcka, det tjänade ingenting till. Men de stannade kvar och vaktade så att inte elden spred sig och tände i skogen omkring. I denna torka visste ingen hur långt elden kunde hinna, om den slapp lös. Regnet hade redan slutat, åskskuren var över. Det lilla som kommit hade knappast vätt stenarna på marken.

Ängsladan brann ner till aska. Så var det inget att göra, det unga bondfolket i Bockahagen gick hem igen. Nu gick de sakta, de sprang inte. I sina händer bar de fortfarande hinkarna, halvfyllda med vatten; de bar dem tillbaka igen. Därhemma kunde vattnet bli till någon nytta.

Karl Oskar och Anna hade stått och sett på hur deras ängshus med det inbärgade höet hade brunnit ner, och de hade knappast växlat ett ord under tiden. Men tankarna de tänkt hade kanske varit desamma.

På hemvägen bröt Anna tystnaden:

- Du fick'at som du ville, Karl Oskar: Gud tog ifrån oss höet!

- Ja, sade han. Han tog det annra med.

- Det är straffdomen, sa hon. För att du smädade Gud. Han låter icke gäcka sig!

Mannen gick med huvudet nedböjt, han svarade ingenting.

Det var sant vad hon sade: Den här gången hade Gud bönhört honom.

tjäna ingenting till	nichts nützen
släppa lös	entfesseln
åskskur	Gewitterschauer
aska	Asche
nytta	Nutzen
fick´at = fick det	
annra = andra	
gäcka	spotten
bönhöra	erhören

Så kunde inte heller åskan hjälpa regnet att falla och grödan att växa; i stället förtärde ljungelden det som redan hade vuxit på marken.

gröda	Saat
förtära	verzehren

Torkan fortsatte. Bygdens sista brunnar sinade ut. Vatten till kreaturen kördes i silltunnor från skogskällorna. I sjön blottades stenar som ingen hade sett förr. Inte ens fallegamla gubbar och gummor mindes en sommar så eländigt torr som denna.

silltunna	Heringstonne
blotta	bloßlegen
fallegammal	gebrechlich

Även lönnarnas löv randades av gula strimmor, och björklövet började falla. Det var blott askarna, som ännu stod gröna. Sommaren hade aldrig hunnit blomma ut och mogna, förrän den överraskades av hösten. Denna sommar år 1868 dog i sin ungdom.

lönn	Ahorn
randa	mit Streifen versehen
strimma	Streifen
blott	bloß
ask	Esche

Det var den tiden då höstrågen skulle sås. Karl Oskar hade trädan beredd och färdig, men han dröjde med sådden, han tittade efter moln och väntade på regnet. Vad nyttade det till att så, om det inte kom regn? Den blivande rågåkern låg där överströdd med gråa, hårda kokor och liknade ett stort stenskärv. I denna jord kunde intet korn gro. Han kunde lika gärna lägga ned säden i askan på spiselhällen. Och han ville inte mer göra arbete, som Herrens väderlek gjorde om intet.

träda	Brache

överströ	überstreuen
koka	Erdklumpen
stenskärv	Steinsplitter

spiselhäll	hier: die Steinplatte des Kamins

Han såg på sin åker, prövande och misstroget. Det var som om han granskat en gammal vän, vars trohet han börjat tvivla på, som han inte längre tordes lita på. Skulle han våga anförtro sin råg åt jorden? Skulle han

misstrogen	misstrauisch
tvivla	zweifeln

anförtro	anvertrauen

få sina skäppor tillbaka mångfaldigade? Eller skulle han aldrig se till ett korn mer? Skulle han förspilla sin säd bland dessa stenhårda mullkokor?

    Det var inte gott att bruka jorden, när man inte längre kunde ha något förtroende för den.

    Han väntade. Men Anna rådde honom att så: Om Gud menade att människorna skulle få leva kvar på jorden, så skulle rågen komma upp, ville han utrota dem, så skedde det efter hans vilja, om han sådde eller inte.

    Han lyddes till henne och teg. Hon hade fått rätt i sina varningar: Han blev straffad för att han satte sig upp emot Gud vid höbärgningen. Och han blev avog mot hustrun, därför att hon fick rätt. Han bröt inte ut i onda ord, men han sade inga goda ord heller. Han såg på hennes sorgsna ögon att hon led av hans tystnad, men han förhärdade sig: Varför stod hon inte på hans sida under denna missväxttid, under denna eländets tid? Hon arbetade som förut, hon var en rask kvinna, en duktig hustru i all sin gärning. Men hon borde ha varit med honom även på ett annat sätt: Hon borde ha sagt att Gud var grym och orättvis, som sände dem denna torka, som gav dem två missväxtår efter varandra. Hon borde stå på hans sida i stället för att nämna honom gudasmädare. Nu var det dock sant att ljungelden från himlen hade tänt eld på deras ängshus, och det slog honom med skräck. Han var skrämd,

skäppa	Scheffel
förspilla	vergeuden
mull	Erde
råda	raten
utrota	ausmerzen
straffa	bestrafen
sätta sig upp emot ngn	sich gegen jmdn. auflehnen
avog	abgeneigt
sorgsen	traurig
förhärda	verhärten
rask	gesund
grym	grausam
skräck	Schreck

men inte undergiven, inte tuktad. Han tänkte: Gud hade antänt deras hölada och tagit deras foder. Gud var en mordbrännare.

Anna påstod att Gud var mild och barmhärtig. De skulle tro på honom och förlita sig på honom i allt. Hur skulle en kunna göra det efter detta?

Men han följde hustruns råd och sådde ut höstrågen.

Han gick med sin tyngsta yxa ute på åkern och krossade de tusende jordkokorna med hammaren. Det var som att slå sönder sten, han fick lägga in all sin kraft när han drämde till. Han slog och slog, han smulade sönder skorpan som hindrade strana att spira. Han gjorde sitt för att rågen skulle gro och växa. Så fick man se om Gud gjorde sitt.

Så låg höstrågen i jorden. Men det kom intet regn.

Torkan fortfor. Markerna låg svedda som om elden gått fram över dem, och det nerbrända gräset flammade rött i solen. Det plågade en att gå över hage och äng och höra detta prassel under fötterna av nervissnat gräs och torra löv. Det var ett dödens läte. Man kände hur marken led, man ängslades för att trampa på den och öka lidandet. Skapelsen var full av liv som pinades utan att kunna jämra sig. Gröna strån förbrändes, friska rötter förtorkade, livet törstade ihjäl, livets ljud förkvävdes. Det var solen som stack ihjäl, solens strålar var kniv och spjut.

undergiven	untergeben
tuktad	gezüchtigt
mordbrännare	Brandstifter
en	hier: man
drämma till	zuschlagen
skorpa	Kruste
spira	sprießen
gro	keimen
svedd	versengt
plåga	plagen
vissna	verwelken
läte	Geräusch
trampa	treten
pina	peinigen
jämra sig	sich beklagen
törsta ihjäl	verdursten
förkväva	ersticken
sticka ihjäl	totstechen
spjut	Speer

Och torrvinden blåste dag efter dag. Östan for över jorden och varslade om torrt väder. Aldrig kom vinden från västan, aldrig blåste regnets milda vind.

Och människorna blev ömma i nackarna av att gå och gana efter moln på himlen. De hårdnade i sina sinnen och blev bitska och buttra. De tålde inte varandras åsyn eller tal. De kunde inte lida varandra, emedan de inte längre kunde lida sig själva. De talade endast om denna torra sommar och om den nödvinter som skulle följa på den. Straffdomen var över dem. Men var de alla lika skyldiga? Den rättfärdiges åker låg lika torr och förbränd som den orättfärdiges. Det var ingen rättvisa i en straffdom, som drabbade alla lika.

De fanns som sade, att den sista regndroppen redan fallit på jorden. Det fanns de som förutspådde, att det aldrig skulle komma något regn mer. Förra gången utrotade Herren människosläktet genom väta, som man läste om i bibeln. Den här gången skulle han förgöra det genom torka. Och den här gången skulle ingen Noak få löfte att undkomma med sin ark och överleva och fortplanta ett nytt släkte. Efter de nu levande skulle jorden i evighet ligga öde och förbränd och tom som ett urblåst äggskal.

Karl Oskar i Bockahagen hade sina öron öppna för detta tal, och han kände sig narrad. Varför hade han fördärvat brödsäd med att kasta den i jorden, när hela världen skulle förgöras?

varsla om	ankündigen
öm	empfindlich, schmerzend
gana = glo	glotzen
bitsk	bissig
butter	mürrisch
åsyn	Anblick
lida	leiden
emedan	während
straffdom	Strafgericht
rättfärdig	gerecht
rättvisa	Gerechtigkeit
förutspå	voraussagen
släkte	Geschlecht
väta	Nässe
förgöra	vernichten
undkomma	entkommen
ark	Arche
fortplanta (åld.)	fortpflanzen, begründen
urblåst	ausgeblasen
narra	anführen

Där såg man nu åkern - där hade han sått sin råg: Åkerstycket låg där öde och bart och grått. Han hade räknat tiden sedan sådden, tolv dagar hade gått. Om Gud hade gjort sitt, så skulle rågen redan ha synts som ett grönt sken i jordkanten. Men åkern var grå och tom och kal så långt man såg. Inte ett enda strå stack upp. För sädeskorn kan inte gro i spiselaska. De mjuka rågstråna kan inte tränga igenom stenhårda jordskorpor. Regnet måste först komma och öppna väg och lösa upp.

Och han sade det till sin hustru: Ser du vår träda därute? Jag gjorde som du sade: Jag sådde. Nu skulle rågen vara uppe - men ser du till den? Ser du så mycket som en grön fläck därborta? Varsnar du något av brödet för nästa år? Jag lydde dig, jag sådde. Du ser hur det gick. Varför gömde vi inte i stället utsädet till bröd?

Anna såg bort, och teg. Dagarna gick, de räknade dem. Intet regn kom. Naken och stum och grå låg åkern och väntade. Om regnet icke kom så skulle den ligga där som en död och tom åker. Året hade hunnit in i september och sommaren var slut.

Och hustrun i Bockahagen gick med sorgsna, sorgsna ögon och teg.

Karl Oskar vaknade; han såg att det var i gryningen. Det var något ljud som hade väckt honom, och han fattade icke strax vad det

bart   bloß

kal   kahl

tränga igenom durchdringen

varsna   gewahr werden

gömma   hier: aufheben

naken   nackt

gryning   Morgengrauen
fatta   verstehen

var. Det lät som svaga, jämna knackningar i taket över honom. Huset hade spåntak och det smattrade emot spånorna därovanför.

Det regnade. Så sant han levde, det regnade i dag.

Smattrandet fortfor. Spåntaket hade blivit gistet och otätt i torkan, och det föll ett par droppar på golvet. Han steg upp, drog på sig byxorna och gick ut på farstubron. Det hällde ner, som ur ett såll. Hela himlakupan var överdragen med tjocka moln och var som ett rinnande såll.

Karl Oskar hade glömt hur en regndroppe kändes mot skinnet. Han sträckte ut handen och fångade regnet i den, han räckte sin hand efter himlens gåva. Han slöt handen och kände blötan: det var sant, det var regn.

Han stod kvar på farstubron. Han ville liksom försäkra sig om att det verkligen var regn detta som föll och inte någonting annat,

knackning	Klopfen
smattra	prasseln
gisten	morsch
otätt	undicht
såll	Sieb
himlakupa	Himmelsgewölbe
skinn	Haut
gåva	Geschenk
blöta	Nässe

han ville övertyga sig om att det som skedde inte var något bedrägligt. Han stod där och lät regnet falla över huvud och händer, över axlar och bröst, över hela sin kropp. Vad som hände var som något av ett underverk. Men detta var vätan som de inte kunde umbära, detta var himlens skänk till jorden. Detta var regnet, som löste upp den förhårdnade åkern och släppte fram sädens strån.

Det skulle bli dagsregn, det var uppenbart.

Han gick in igen, det droppade från hans kläder. Hans unga hustru hade vaknat, hon satt upp i sängen. Hennes uppsyn var en spänd förväntan.

- Kommer det? Kommer det nu?

- Ja. Det kommer. Det är övermulet. Det rinner redan genom taket.

Men det otäta taket oroade dem inte. Han stod och såg på henne, och han såg hennes ögon lysa.

Då löstes något inne i honom, invärtes, där alla outtalade ord stannat kvar och hopat sig denna sommar och bildat en hård, ogenomtränglig skorpa. Det mjuknade därinne, där han hade förhärdat sig. Han blev med ens kvitt någonting tungt som han burit på. Han kunde tala till Anna igen och säga det som hon hade rätt att få höra.

- Anna lella ... du ...

Han fumlade efter hennes hand med sin strävа, grova, tafatt, med ögonen i golvet, skamsen, skuldmedveten.

bedrägligt	trügerisch
umbära	entbehren
skänk	Geschenk
uppenbart	offenbar
uppsyn	Miene
spänd för-	gespannte Er-
väntan	wartung
invärtes	im Inneren
hopa sig	sich häufen
ogenomtränglig	undurchdringlich
bli kvitt	befreit werden
lella = lilla	
tafatt	unbeholfen
skamsen	beschämt
skuldmedveten	schuldbewusst

- Illa av mej att gå så här ... Anna - vi ska
vara sams ...

Ivrigt, girigt tryckte en hand tillbaka. **ivrig** eifrig

Nu visste de det säkert: Om några dagar
skulle deras rågåker skina grön av brodd. För **brodd** Keim, Saat
därute blåste det västan, den västan som är
regnets vind och livets.

Övningar

1   **Diskussionsfrågor**

1. Hur skulle du klara av att vara så beroende av vädret?

2. Om du har sett filmen eller läst boken Utvandrarna - vilka likheter och skillnader ser du?

3. Vilken roll spelar tron i makarnas liv? Ser du skillnader och likheter i deras religiösa tro?

4. Diskutera växlingarna i parets känslor för varandra − kärlek, bitterhet, tystnad, hårdhet, grämelse − och kärlek igen.

5. Vad innebär en kristen uppväxt förr och nu?

6. Är någon av makarna tongivande? Tar du parti för någon av dem? Vem har rätt och vem har fel?

7. Karl-Oskar och Anna talar inte så mycket med varandra. Varför? Hur är det med nutidens människor? Likheter - skillnader - orsaker? Hur ser det ut i stan resp. på landet?

8. Varför blir Karl-Oskar bitter och hård egentligen?

> *Det är inte ens fel att två träter.*
> *(svenskt ordspråk)*

2 Innehållsfrågor

1. Vilket år utspelar sig novellen?

   _____

2. Under hur lång tid utspelar sig novellen?

   _____

3. Vilken vind har regnet med sig?

   _____

4. Vad heter Karl-Oskars och Annas gård?

   _____

5. Hur många kor har de?

   _____

6. Hur många år har de haft gården?

   _____

7. Vad tror Anna ska hända, när Karl-Oskar har smädat Gud?

   _____

8. Vem av makarna är mest förtröstansfull?

   _____

9. Hur påverkade vädret humöret?

   _____

10. Vad längtade människorna mest efter?

    _____

11. Vad samlar Anna i sitt brudtäcke?

    _____

12. Vad händer med korna?

    _____

13. Vad ställer åskan till med?

    _____

14. Vad tror Anna om branden?

    _____

15. När kommer regnet till slut?

    _____

16. Vad gjorde folk både morgon och kväll?

    _____

17. När gulnade löven?

    _____

18. När började slåttern?

    _____

19. Hur hade sommaren 1867 varit?

    _____

20. Med vilka verktyg krossade Karl-Oskar jordkokorna för att kunna så rågen?

    _____

3   Rätt eller fel? Kryssa för!

	rätt	fel
Ex. Deras gård heter Bockahagen.	X	
1. Anna kunde inte sticka.		
2. Karl-Oskar och Anna var ofta osams.		
3. Paret hade tre kor.		
4. Alla försökte släcka elden.		
5. Karl-Oskar kunde inte förbanna Gud.		
6. Anna hörde åskan först.		
7. Östanvind ger regn.		
8. Anna trodde på Gud.		
9. Boningshuset brann ner.		
10. Vädret påverkade människorna positivt.		
11. De måste hämta vatten från skogen.		
12. De gamla kom ihåg många lika torra somrar.		
13. Anna fick inte rätt i sina varningar.		
14. Människorna ville inte tala om nödvintern som skulle komma.		
15. Anna och Karl-Oskar hade varit gifta i två år.		

Gamla mått - för dig som tycker om att räkna!

Som i all litteratur från eller om äldre tider omnämns i novellen några gamla mått:

skäppa äldre mått, olika i olika landskap, vanligen ¼ eller ⅙ tunna

tunna äldre rymdmått av växlande storlek från 48 kannor (126 l) till 66 ½ kannor (174 l)

kanna äldre rymdmått = 2,6 l = 2 stop

stop 1. äldre rymdmått = ½ kanna = 1,308 l
2. dryckeskärl som rymmer 1 stop, ofta av tenn

tunnland äldre ytmått för åkerareal = 5600 kvadratfot = 4936 m²
= ½ ha (hektar) (ytan motsvarar en tunna utsäde)

mantal äldre mått på en jordbruksfastighets skatteförmåga

hemman skattad jordegendom på landet

Räkna om de gamla måtten i nu gällande mått.

1. 2 kannor är i dagens mått = _____

2. 3 tunnland är i dagens mått = _____

3. 5 tunnor är i dagens mått = _____

4. 4 skäppor är i dagens mått = _____

5. Hur stort var Karl-Oskars och Annas hemman?

   = _____

5 Ordgrupper

Leta i novellen efter ord som passar under dessa rubriker!

väder	jordbruk	känslor och humör

6   **Använd "också"!**

Ex. Anna tror på Gud

(Karl-Oskar) <u>**Karl-Oskar tror också på Gud.**</u>

1. Anna väntar på regn.

(Karl-Oskar) _____

2. Gräsmattan är torr.

(åkern) _____

3. Man gör bröd av råg.

(av vete) _____

4. De måste slakta en ko i höstas.

(till hösten) _____

5. Det var missväxt förra året.

(i år) _____

6. Anna ber till Gud.

(Karl-Oskar) _____

7. De tittade efter regnmoln på morgonen.

(på kvällen) _____

8. Ladan brann upp.

(höet) _____

9. Karl-Oskar bar vatten till ladan.

(Anna) _____

10. Karl-Oskar var på dåligt humör.

(Anna) _____

7 Använd "inte - heller"!

Ex. Anna var inte glad.

(Karl-Oskar) **Karl-Oskar var inte heller glad/inte glad heller.**

1. De fick inte någon fisk.

(jaktbyte) _____

2. Det kom inte något regn i juli.

(i augusti) _____

3. Anna kunde inte minnas en så torr sommar.

(Karl-Oskar) _____

4. Rågen grodde inte.

(vetet) _____

5. Anna kunde inte sova.

(Karl-Oskar) _____

6. Karl-Oskar visste inte vad han skulle säga.

(Anna) _____

7. Karl-Oskar var inte lat.

(Anna) _____

8. Anna svarade inte.

(Karl-Oskar) _____

9. De var inte ovänner.

(vänner) _____

10. Karl-Oskar var inte nöjd.

(Anna) _____

8 Välj nu rätt: "också" eller "inte - heller"

1. Karl-Oskar kunde inte släcka branden.

   (grannarna) _____

2. Östan var en svår vind.

   (nordan) _____

3. Karl-Oskar pratade om arbetet.

   (Anna) _____

4. Vinden hjälpte inte regnet.

   (åskan) _____

5. Lönnarna fick gula blad.

   (björkarna) _____

6. Korna sinade.

   (brunnarna) _____

7. Han sade inte några onda ord.

   (goda) _____

8. Anna arbetade hårt.

   (Karl-Oskar) _____

9. Människorna tålde inte varandra.

   (sig själva) _____

10. Karl-Oskar blev kärleksfull igen.

    (Anna) _____

9 Motsatser
Skriv motsatsen till de understrukna orden!

Ex. Klöverns blommor slog ut för tidigt. ⟷ _sent_____

1. Det artade sig till en torr sommar. ⟷ _____

2. Solen sken på en klar himmel. ⟷ _____

3. De hade hitintills varit vänner. ⟷ _____

4. Han hade blivit förtegen och tillsluten. ⟷ _____

  ⟷ _____

5. Smattrandet fortfor. ⟷ _____

6. Han steg upp. ⟷ _____

7. Han slöt handen. ⟷ _____

8. Han stod kvar på farstubron. ⟷ _____

9. Karl-Oskar vaknade. ⟷ _____

10 Prepositioner

Sätt in rätt preposition i meningarna! Samma preposition kan användas flera gånger.

under   för   i   mot   för - sedan
över   till   på   från   om

Ex. De såg inga moln ____**på**____ himlen.

1. De gifte sig _____ två år _____.

2. _____ år var det torrsommar.

3. _____ hösten måste de nog slakta kon.

4. _____ höstas slaktade de också en ko.

5. Han började slåttern redan _____ juni.

6. Solen sken _____ ängen.

7. Vädret började trycka _____ sinnena.

8. Det prasslade _____ fötterna, när man gick

_____ gärdet.

9. Han ville att hon skulle stå _____ hans sida

_____ Gud.

10. De talade _____ det dagliga arbetet.

11. Han arbetade _____ sin åker.

12. Lågorna stod högt _____ taket.

13. Folk kom springande _____ granngårdarna.

14. Han hade inget förtroende _____ jorden längre.

11 Ändra tempus!

Sätt följande stycke i a) presens
b) pluskvamperfekt

Anna blev skrämd, när åskan gick. Hon satt med händerna knäppta som till en bön.
Karl-Oskar gick ut och ställde sig i bara skjortan på farstubron. Det susade i luften, stora feta regndroppar började falla. Hans bitterhet vek undan.

a) _____

_____

_____

_____

_____

_____

_____

b) _____

_____

_____

_____

_____

_____

_____

12 Ordna orden till meningar!

Ex. taket - redan - Det - genom - rinner

Det rinner redan genom taket.

1. gick - Karl-Oskar - och - slåtterängen - bitter - nu - i - där - var

2. var - nybörjare, - De - andra - som - nu - var - det - bara - grödan - bärgade - de

3. hårt - Hustrun - händerna - om - och - vitnade - i - hon - kinderna - räfsskaftet - knöt

4. var - alldeles - inte - Karl-Oskar - att - god - på - säker - var - Gud

5. inte, - Missbruka - hon - sade - Karl-Oskar!

6. unga - det - fortsatte - bondfolket - Och - sitt - bärga - att - hö

7. lagårn - Anna - lättare - den - mjölkstävor - bar - allt - från

8. kunde - till - tala - igen - Anna - Han - säga - och - som - rätt - hon - höra - att - få - det - hade

Tage Danielsson (1928-1985)

har kallats Sveriges "humanistiska humorist".
Han började sin karriär på Sveriges Radios
underhållningsavdelning 1955. Där lärde han
känna Hasse Alfredsson. Tillsammans med
honom har han förnyat svensk underhållning
i en mängd revyer, filmer och TV-program,
producerade genom deras företag AB
Svenska Ord.
Han har fått flera priser, bl. a. en Guldbagge
för filmen "Släpp fångarne loss - det är vår!"
och medaljen "Litteris et Artibus".

Tage Danielsson var regissör och skådespelare, gav ut skivor, gjorde en del
barnprogram och var utöver detta aktiv i samhällsdebatten. Hans böcker är
präglade av hans speciella ordkonst och humor.

"Sagan om den rättvisa Gudrun" ingår i "Sagor för barn över 18 år".

Några kända verk: Filmer: Att angöra en brygga, 1965
                                 Äppelkriget, 1971
                                 Släpp fångarne loss – det är vår, 1975
                                 Ronja Rövardotter, 1984
                     Böcker: Sagor för barn över 18 år, 1964
                                 Grallimatik, 1966
                                 Dikter, 1967
                     Revyer: Gula Hund, 1964
                                 Glaset i örat, 1973
                                 Svea hund, 1976
                     Musikaler: Spader Madame, 1969
                                 Animalen, 1979

Tage Danielsson

Sagan om
den rättvisa Gudrun

Det var en gång en flicka som aldrig hade mött den riktiga kärleken, och därför ville hon gärna skiljas.

Det var så med Gudrun, för hon hette Gudrun, att hon tyckte det var orättvist allting. Hon hade gift sig med en Epaingenjör som hon träffat på Tempo, där hon stod och sålde husgeråd av plast. De hade inga barn, och båda förvärvsarbetade. Gudrun grämde sig dagligen över alla orättvisor som vederfors henne i äktenskapet. Hon skulle köpa middagsmat och laga den, hon skulle sy i knappar i sin mans kavaj, hon skulle koka

skiljas	sich scheiden
orättvis	ungerecht
Epaingenjör	(scherzh.)Ing. mit kürzerer Ausb.
Tempo	ehemalige Waren-hauskette
husgeråd	Hausrat
förvärvsarbeta	erwerbstätig sein
gräma sig	sich grämen
vederfaras	widerfahren
kavaj	Sakko

kaffet medan han såg på TV, allt detta skulle hon göra, fast hon hade ett lika ansträngande arbete som han. Och det kan man ju hålla med om att det verkar orättvist. Att hennes make för sin del satte i proppar, tvättade bilen och köpte ut på Systemet tänkte hon inte så mycket på.

propp	Sicherung
Systemet	Abk. für System-bolaget

Nå, den skilsmässan var lätt att ordna, för ingen av dem trivdes egentligen hemma. Gudrun beslöt i sitt stilla sinne att skulle hon någonsin gifta sig igen så skulle minsann allt gå rättvist till väga.

minsann	wirklich
gå till väga	zugehen

*

En dag när hon stod vid sin disk på Tempo kom det fram en herre med fördelaktigt utseende och skulle köpa en bidet av plast. Han såg så blyg och generad ut innan han klämde fram med sin bidet, så Gudrun blev riktigt fäst vid honom. Och när han dagen därpå kom tillbaka och köpte något så onödigt som en plasthållare för två tandborstar så förstod Gudrun genast den symboliska innebörden av detta köp och visste att känslorna var ömsesidiga.

fördelaktigt utseende	gut aussehend
bidé	Bidet
klämma fram	herausrücken
bli fäst vid ngn	sich von jmdm. an-gezogen fühlen
innebörd	Bedeutung
ömsesidig	beiderseitig

Gudrun och Albin, för han hette Albin, träffades en tid ganska ofta om kvällarna, och båda tyckte att nog skulle det vara bra gudomligt att gifta sig. Men Gudrun framhöll med skärpa för Albin att i så fall skulle allting gå riktigt rättvist till. Det höll Albin gärna med om, för han var en beskedlig karl.

Nå, i sinom tid stod Gudrun och Albin hos

gudomlig	göttlich
framhålla	hervorheben, betonen
skärpa	Schärfe
beskedlig	gutmütig, nach-giebig
i sinom tid	zu gegebener Zeit

borgmästaren och sa sitt "ja" på samma gång, för Gudrun hade bestämt att det var orättvist att en av dem skulle få säga "ja" före den andra. Albin hade en likadan blombukett i handen som Gudrun.

När de kom hem till trerummaren som Gudrun hade kvar sedan sitt förra äktenskap visade Gudrun för Albin en lång, lång lista som hon hade gjort upp.

äktenskap — Ehe

Där stod bland annat:

"Strykning av 1 skjorta motsvarar bäddning av 2 sängar;

motsvara — entsprechen

kokning av TV-kaffe motsvarar middagsdisk för 2 personer;

isyning av 1 knapp motsvarar lagning av 1 trasig kontakt;

isyning — Annähen
trasig — kaputt

1 amning av ev. barn motsvarar tvättning av 2 bajsiga plastblöjor;

amning — Stillen
bajsig plastblöja — vollgemachte Plastikwindel
snarkning — Schnarchen

snarkning så motpart vaknar motsvarar rätt för väckt part att först läsa morgontidningen dagen därpå;

inköp av middagsmat motsvarar dammsugning av vardagsrum och tambur;

tambur — Flur

fållning av 1 lakan motsvarar utbärning av avfall till sopnedkast;

fållning — Säumen
sopnedkast — Müllschlucker

tvättning av 1 par strumpor motsvarar tömning av askkoppar i hela lägenheten."

tömning — Leerung

Detta och mycket annat stod noga angivet på Gudruns långa lista.

noga ange — genau angeben

"Nu ska vi leva efter den här listan, Albin", sa Gudrun, "för att allting går rättvist till, det är äktenskapets A och O."

"Det ska nog gå bra, för huvudsaken är ju att man älskar varandra", sa Albin, och sen sa han inget mer, för han ville ju inte prata längre än Gudrun hade gjort.

Så levde Gudrun och Albin en lång tid tillsammans, åt två potatisar var till middag, drack vardera fyra centiliter konjak till kaffet på lördagskvällarna och älskade därefter varandra så rättvist som möjligt i nattens mörker.

En dag sa Gudrun:

"Albin, jag tror jag ska ha barn."

"Då ska väl jag det också", sa Albin av gammal vana. Men som ni förstår var det Gudrun ensam som fick barn.

Nu blev det ett fasligt besvär med att få allting att gå rättvist till.

Att Albin tvättade blöjor medan Gudrun ammade var ju inget stort problem, men det var så mycket annat att göra hela dagarna så Albin fick ta tjänstledigt från sitt arbete - och det var ju inte mer än rätt, för det hade ju Gudrun också måst göra. När barnet skrek på natten vaknade föräldrarna och tittade på schemat som satt fastnålat över sängen. På udda datum var det Albin som hade hundvakten mellan två och sex, på jämna datum Gudrun. I månader med 31 dagar delades den sista natten upp så att Albin tog passet från två till fyra och Gudrun från fyra till sex varannan gång detta inträffade; varannan gång var det tvärtom.

mörker	Dunkelheit
fasligt besvär	schreckliche Mühe
tjänstledig	dienstfrei
schema	Schema
fastnåla	anstecken
udda	ungerade
hundvakten	die Hundewache (Nachtwache)
ta passet	an der Reihe sein
tvärtom	umgekehrt

Nå, tack vare Albins stora snällhet och beskedlighet klarades det mesta upp utan gnissel, och det lilla barnet växte och började tala. Det visade sig vara ett klokt och rättvist barn, för det första ord det sade var "mappa", och det andra var "pamma".

utan gnissel	reibungslos

En dag sa Albin:

"Nog vore det skojigt för det här lilla barnet att få ett litet syskon alltid."

skojig	spaßig
syskon	Geschwisterchen

"Ja titta inte på mej", svarade Gudrun, "nu är det allt din tur!" Då orkade inte Albin längre, och för övrigt visste han inte hur detta skulle gå till.

gå till	vor sich gehen

*

Så nu står Gudrun på Tempo igen och väntar på en karl som har sinne för att allting ska gå riktigt ordentligt rättvist tillväga.

Övningar

1 Diskussionsfrågor

1. Vad anser du om Gudruns idé? Kan du sätta dig in i hennes situation?

2. Tycker du att Gudruns lista är rättvis eller skulle du vilja ändra något?

3. Skulle du kunna leva så?

4. Vad tycker du om Gudrun?

5. Vad tycker du om Albin?

6. När vi diskuterar novellen i en grupp – har förståelsen eller bristen på förståelse med olika åldrar att göra?

7. Vilken saga av Bröderna Grimm påminner Sagan om den rättvisa Gudrun om?

8. Denna novell skrev Tage Danielsson 1964. Vilka förändringar har samhället genomgått sedan dess? Har du själv mött de här frågorna i din kontakt med svenskar resp. tyskar?

9. Hur är det om man jämför Sverige och Tyskland när det gäller jämlikhet? Likheter - skillnader?

10. Tycker du att novellen är rolig? Vari består det roliga i så fall?

11. Svarar män och kvinnor lika på fråga 10, tror du?

> Som man bäddar, får man ligga.
> (engelskt ordspråk)

2   Rätt eller fel? Kryssa för!

	rätt	fel
Ex. Gudrun arbetar på Epa.		X
1. Gudrun och Albin träffades på Tempo.		
2. Gudrun arbetade på skoavdelningen.		
3. Hennes förste man hade varit ingenjör.		
4. Gudrun var upprörd över orättvisorna i äktenskapet.		
5. Gudrun och Albin gifte sig i kyrkan.		
6. Bruden sa "ja" först.		
7. De bodde i en fyrarummare.		
8. Albin ställde upp på Gudruns villkor.		
9. De drack konjak på lördagskvällen.		
10. Hundvakten är mellan 20 och 24.		
11. De hade ett schema på väggen.		
12. Albin arbetade under barnets första tid.		
13. Albin ville ha ett barn till.		
14. Gudrun ville föda ett barn till.		
15. Gudrun och Albin är skilda.		

3 Vad heter adjektiven?
Du hittar svaren i texten.

Ex. återkommer varje dag

D	A	G	L	I	G

1. fantastisk, jättefin, som en gud

			L	I	G

2. godmodig

				L	I	G

3. tänkbar, trolig

		L	I	G

4. noggrann

			L	I	G

5. förfärlig, hemsk

		L	I	G

6. rätt

		T	I	G

7. motsats till nödvändig

		I	G

8. gemensam

				I	G

9. sönder

		I	G

10. rolig

		I	G

11. hemma från arbetet

		I	G

12. bildlig

				I	S	K

13. bra, positiv

			A	K	T	I	G

14. jobbig, svår, besvärlig

				A	N	D	E

15. ärlig, opartisk

		V	I	S

Ordet _hålla_ ...
Sätt in rätt ord.

Ordlista:	hålla	(i handen)
	hålla	(motsats: går sönder)
	hålla på	(ett fotbollslag)
	hålla på med	(sysslar med, gör)
	hålla av	(tycker om)
	hålla i	(slutar inte)
	hålla till	(befinner sig, vistas)
	hålla upp	(slutar, gör paus/uppehåll)

1. Albin _____ IFK Göteborg.

2. Gudrun _____ tvätten.

3. Albin _____ Gudrun i handen.

4. Glaset _____ inte, om det faller i golvet.

5. Regnet _____ sig.

6. Albin _____ med arbetet för en stund.

7. Jag vet inte, var han _____ .

8. Albin _____ Gudrun.

5

Skriv synonymer.
Sätt sedan orden i perfekt och fyll i korsordet.

Ex. fundera, reflektera   **tänka**

1. vara ungefär samma som _____

2. motsats till köpa _____

3. ge babyn bröstet _____

4. göra i ordning mat _____

5. begripa _____

6. möta _____

7. tycka mycket om

_____

8. känna till _____

9. vara vid liv

_____

10. tycka likadant

_____

11. göra rent _____

12. erhålla _____

13. promenera

_____

14. prata _____

15. ropa _____

5	6 ▼		13 ▼			10
►						▼
	12 ►			15		
3			11			
▼			▼			
►						
	1				–	
	7					
T	Ä	N	K	T		
Ex		9				
2 ►		▼		4		
				▼		
	8 ►					
14 ►						

6 Lös korsordet.

1. 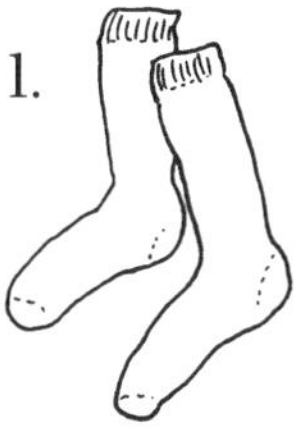 2.  3.  4.  5.

6.  7.  8. 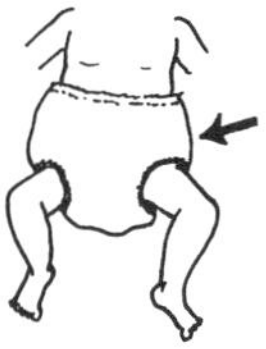 9.

10.  11.  12.  13.

7 Välj rätt: "också" eller "inte - heller"

Ex. Jag vill gifta mig, sa Gudrun.

Jag vill också gifta mig, sa Albin.

Jag vill inte gifta mig, sa Gudrun.

Jag vill inte heller gifta mig/inte gifta mig heller, sa Albin.

1. Jag vill inte ha orättvisa, sa Gudrun.

_____

2. Jag ska städa, sa Gudrun.

_____

3. Jag tror jag ska ha barn, sa Gudrun.

_____

4. Jag tycker inte om vin, sa Gudrun.

_____

5. Jag vill inte sätta på kaffet, sa Gudrun.

_____

6. Jag måste sy i en knapp, sa Gudrun.

_____

7. Jag vill inte ha mer mat, sa Gudrun.

_____

8. Jag vill läsa tidningen först, sa Gudrun.

_____

9. Jag vill inte städa ensam, sa Gudrun.

_____

10. Jag vill att vi följer schemat, sa Gudrun.

_____

Hitta på fler exempel själva.

8 Bilda substantiv av följande verb.

Ex. att tvätta **tvättning**

1. att fålla _____
2. att snarka _____
3. att amma _____
4. att bädda _____
5. att sy i _____

6. att dammsuga _____
7. att stryka _____
8. att tömma _____
9. att koka _____
10. att laga _____

9 Bilda substantiv genom att välja en orddel från varje halvcirkel

Ex. **(en) likhet**

1. _____
2. _____
3. _____
4. _____
5. _____
6. _____
7. _____
8. _____
9. _____
10. _____

Ex ~~lik~~
1. innebör
2. borgmäst
3. tid 4. äkten
5. kär 6. betyd
7. trerumm
8. plasthåll
9. snäll
10. utse

are
else
ende ~~het~~
ning het
are d
lek
skap
are

Birgitta Stenberg (f 1932)

föddes i Stockholm. Efter flera år i Sydeuropa arbetade hon bl. a som journalist, skådespelare och tolk.

Birgitta Stenberg debuterade som författare först 1956 med romanen "Mikael och Poeten". Genombrottet kom 1961 med romanen "Chans", som behandlar klasskillnader och raggare (motorcykelgäng). "Chans" blev filmatiserad 1962.

Birgitta Stenberg har skrivit flera romaner, självbiografiska böcker och dikter. Hon har också skrivit för barn och ungdom, t ex serien om Billy.

Hon har bott i mer än 40 år på bohusön Åstol. Tillsammans med sin man var hon också yrkesfiskare, biodlare och översättare.

Våren 2005 fick Birgitta Stenberg Selma Lagerlöfs litteraturpris för sitt författarskap. Idag är hon en av Sveriges mest lästa författare.

Novellen "Några valssteg till Haffners ära" utgavs i novellsamlingen "Noveller för världens barn" (2004).

Några kända verk: Chans, 1961
Kärlek i Europa, 1981
Raskenstam, 1983 (filmatiserad)
Apelsinmannen, 1983 (filmatiserad)
Spanska trappan, 1987
Tusenbröderna, 1988
Mannen i havet, 1992
Mina öar, 1997
Alla vilda, 2004

Birgitta Stenberg

Några valssteg till Haffners ära

Den gamla damen Sara Bergson hade inte handlat mer än en liter filmjölk och en limpa. Men så liten och bräcklig var hon att det alldeles tydligt innebar en stor ansträngning för henne att streta hemåt uppför backen med sin börda. Längst däruppe låg hennes stora villa, väl avskild från de andra genom den vidsträckta trädgården.

Ännu hade hon inte hunnit vänja sig vid att ha kommit hem till Sverige igen efter alla åren nere på kontinenten. Att hon befann sig här i den tidiga höstkylan berodde på att hon drabbats av hemlängtan. Kanske var den rent av lite fetischistisk men hon föredrog att inte se det så. En dag nere vid Rivieran hade det slagit henne att om hon inte genom sin närvaro återerövrade sitt barndomshem, skulle villan från hennes föräldrars och farföräldrars tid på något sätt ha förlorat all mening.

Det fanns en avskild bostad på tre rum och kök i nedervåningen som visserligen haft en rad hyresgäster under dessa år, men resten av huset stod där dött och tomt. Sara Bergson hade återvänt för att väcka liv i sina barndomsminnen och rensa bort personliga brev ur husets samlingar, brev som inte angick de avlägsna släktingar som skulle ärva henne.

bräcklig	gebrechlich
innebära	bedeuten
ansträngning	Anstrengung
streta uppför backen	sich einen Berg hinaufquälen
börda	Bürde
avskild	abgeschieden
vidsträckt	ausgedehnt, weit
vänja sig	sich gewöhnen
drabbas	befallen werden
hemlängtan	Heimweh
rent av	geradezu
föredra	vorziehen
närvaro	Gegenwart
återerövra	zurückerobern
mening	Sinn, Meinung
nedervåningen	Erdgeschoss
hyresgäst	Mieter
rensa bort	aussortieren
avlägsen	entfernt
ärva ngn	jmdn. beerben

De senaste hyresgästerna hade förresten varit besvärliga. Folk av fel sort, enligt advokaten som skötte hennes affärer. Inte så att de varit svåra att bli kvitt, uppsägningen hade de accepterat. Men dessförinnan hade visst polisen besökt dem flera gånger. Sånt gick inte an.

Sara Bergson gick flämtande uppför trappan till husets köksingång och tänkte på att det var skönt att vara av med patrasket, som advokaten kallat dem. Så snart hon kommit i bättre ordning skulle hon anställa en sekreterare för att få hjälp med uppröjningen efter dem.

Till dess var hon nu alldeles ensam i huset. Men hon var inte mörkrädd. Hon hade ett äventyrligt liv bakom sig och var van att ta vara på sig själv. Hon log när hon tänkte på att hon i alla år hade betraktats som släktens svarta får.

Nu var hon gammal och mycket höll på att förändras. Som detta med själva tidens gång. Hon tänkte på hur hon nyss kommit in i köket och ställt varorna på bordet. Då hade det varit ganska ljust, hon hade kunnat se ända bort till häcken mot granntomten hundra meter bort. Sedan hade hon gått tvärs över golvet till brödburken och stått där och sysslat och skurit upp en limpskiva som hon nu återvände till fönsterbordet med. Under tiden hade det blivit nästan helt mörkt därute. Det kunde inte ha skett på en eller

bli kvitt	loswerden
uppsägning	Kündigung
inte gå an	sich nicht schicken
flämta	keuchen
patrask	Gesindel
uppröjning	Aufräumen
vara mörkrädd	sich im Dunkeln fürchten
äventyrlig	abenteuerlich
ta vara på sig själv	für sich selbst sorgen
betrakta	betrachten
får	Schaf
förändra	verändern
häck	Hecke
granntomt	Nachbargrundstück
tvärs	quer
burk	Dose
syssla	sich beschäftigen

två minuter.

Tanken var mycket obehaglig. Var hon så gammal att hon stått och plockat med den där brödbiten i en hel evighet utan att ha märkt det? Och nu, medan hon funderat över saken, hur lång tid hade gått åt? Det var redan skumt härinne i köket också.

Hon dröjde med att tända lampan. För att allt skulle vara som på hennes föräldrars tid hade hon inte brytt sig om att skaffa några fördragsgardiner. Men det hade varit annorlunda förr i världen med köket fullt av livliga tjänsteflickor, en glatt sprakande eld i den stora vedspisen och alltid en eller annan karl på besök. Den som kom med is, den med veden, gårdskarlen och trädgårdsdrängen, bonden som sålde ägg, gårdfarihandlarna och många andra. Nu var hon ensam kvar.

Vinden ökade i styrka därute i det fallande mörkret. Hon ryckte till när en gren från de dåligt ansade fruktträden skrapade rutan. Med en grimas bet hon ihop tänderna och påminde sig att hon var inte av den sort som lät sig skrämmas. Sara Bergson om någon visste hur mycket det betydde att kunna hålla huvudet kallt.

Ändå darrade hon på handen när hon hällde upp en tallrik filmjölk och tog plats vid bordet i det hon sände en tyst ursäktande tanke till sina förfäder: Hon var för trött för att flytta in till matsalen där hon hörde hemma.

Så egendomligt. Hon satt med profilen

skumt	schummerig
fördragsgardin	Gardine zum Zuziehen
tjänsteflicka	Dienstmädchen
spraka	knastern
vedspis	Herd für Holzfeuerung
gårdfari- handlare	Hausierer
styrka	Stärke
mörker	Dunkelheit
gren	Ast
ansa	pflegen
skrapa	kratzen
grimas	Grimasse
påminna sig	sich einer Sache erinnern
skrämma	erschrecken
darra	zittern
hälla	gießen
filmjölk	Schwedenmilch
förfader	Ahn, Vorfahr
egendomlig	merkwürdig
profil	Profil

vänd mot fönstret. När hon böjt sig fram över maten hade hon tyckt sig se något som bara inte kunde finnas därute i trädgården. Ur ögonvrån uppfattade hon tydligt hur ett par grå, besynnerliga väsen hastigt förflyttade sig mellan de vildvuxna hallonbuskarna och den stora almens breda stam.

tycka sig se	zu sehen glauben

ögonvrå	Augenwinkel
besynnerlig	sonderbar
väsen	Wesen
hallonbuske	Himbeerstrauch
alm	Ulme
stam	Stamm

På alla fyra, som vargar. Kanske var det hopkrupna män med armarna hängande. Några som inte hade där att göra smög omkring på hennes privata tomt.

hopkrupen	zusammengekauert
smyga	schleichen

Det kunde förstås vara barn som lekte, ungar tog sig ju in överallt, lika obekymrade om stängsel och staket som rävar och fåglar. Barn kunde vara underhållande. Ett tag övervägde hon att öppna fönstret och ropa in dem: Hallå där barn! Vill ni inte komma in ett tag?

obekymrad	unbekümmert
stängsel	Abzäunung
staket	Zaun
räv	Fuchs
ett tag	eine Zeit
överväga	erwägen

Men inte idag, det vore oklokt. Hon vände sig från fönstret och koncentrerade sig på filmjölken som fortfarande lyste vit i dunklet. Samtidigt brände vissheten i hennes hjärna: Det där hon sett var inga barn. Så såg lekande barn inte ut.

dunkel	Dunkelheit
bränna	brennen
visshet	Gewissheit
hjärna	Gehirn

Skrämda åldringar brukade ringa polisen. Men om hon ringde och det bara varit barn eller ett par hundar idag men istället någonting vida värre nästa gång? Hon visste hur det skulle gå när hon verkligen behövde hjälp mot våldsverkare ifall hon först tillkallat polis i onödan. De skulle komma för sent eller inte alls. Hon insåg hur rädda gamlingar betraktades, ibland med överseende, ibland med öppet hån. Och nästan alltid sågs de som lite gaggiga om inte helt förvirrade.

skrämd	eingeschüchtert
åldring	alter Mensch, Greis
vida värre	noch schlimmer
våldsverkare	Gewalttäter
i onödan	vergebens
överseende	Nachsicht
hån	Hohn
gaggig	verwirrt, senil

Därför satt hon kvar och stirrade ut i mörkret. Trädstammen avtecknade sig fortfarande mot bakgrunden men det mesta andra flöt samman för hennes blick. Kanske hade hon inbillat sig det hela.

stirra	starren
avteckna	abzeichnen
bakgrund	Hintergrund
flyta	fließen

Nu var det så mörkt att hon måste tända ljuset och bli sittande där fullkomligt oskyddad. Det bara var så. För att visa sig själv att hon inte var rädd måste hon göra just detta.

fullkomlig	vollkommen
oskyddat	ungeschützt

Hjärtat slog hastigare i det hon sträckte fram handen mot kontakten på sladden till bordslampan och slöt fingrarna kring den. Samtidigt hörde hon något som fick henne att frysa rörelsen. Hon blev stel och andades inte. Skräcken gjorde hennes ögon oseende,

sladd	elektr. Schnur
sluta	schließen
frysa	gefrieren
rörelse	Bewegung
stel	steif

det var som om hon försökt lyssna med hela sin varelse för att lokalisera ljudet hon hört.

Och åter glappade tiden. Hon hade ingen aning om hur länge hon satt där, fångad i en fälla av förlamande insikt om att det var nu det verkligen gällde. Allt det svåra och farliga hon väntat på i fjorton långa dagar, nu skulle det inträffa. Det fanns ingen återvändo.

Ännu en gång återkom ljudet som hon dag efter dag hoppats slippa få höra. Ett kort tungt slag mot cementväggen nere i källaren. Det steg genom huset som ekot från en avlägsen detonation. Ännu ett. Ytterligare ett. Nu skulle de hålla på en stund. Sedan gällde det. Mitt hjärta är starkt, tänkte hon och kände samtidigt hur kroppen återkom från sin vilda flykt ut i skräcken. Hur blodet strömmade till i kinder och hals. Hon kunde röra sig igen.

Genast släppte hon lampsladden och reste sig utan att tända. Hon kunde varje golvplanka i huset och tog sig ljudlöst uppför trappan till sitt sovrum. Det hade varit hennes mors och farmors och inredningen från 1870-talet var praktiskt taget oförändrad.

Sara Bergson rörde sig vant mellan alla föremålen i det överlastade rummet. Häruppe vågade hon äntligen tända eftersom de tunga draperierna framför fönsternischen var fördragna.

Hon satte sig på sängkanten och väntade. En bädd måste vara den mest strategiska platsen, tänkte hon. Här var hon minst i vägen

ljud	Geräusch
glappa	hier: verschwinden
aning	Ahnung
fälla	Falle
förlama	lähmen
insikt	Einsicht
ingen åter-vändo	kein Zurück
slippa	nicht brauchen
cement	Zement
eko	Echo
hålla på	beschäftigt sein
skräck	Schrecken
strömma	strömen
planka	Brett
ljudlös	lautlos
inredning	Einrichtung
oförändrad	unverändert
överlasta	überladen
draperi	Vorhang
nisch	Nische
sängkant	Bettkante
bädd	Bett

för dem. Dunkandet hördes fortfarande. Hon drog en bävande suck. Sedan lyfte hon på huvudet och sniffade i luften. Besynnerligt. Det luktade pepparmynta i rummet. Men inte den där rena doften som kommit ur hennes farmors bonbonjär. Det här var något annat. Det luktade tuggummi, så som det i en andedräkt fyller luften.

Hon satt alldeles orörlig. Någon av dem befann sig således härinne. Draperiet, naturligtvis. Där var han. Där måste han stå.

- Stig fram, ni! Jag vet att ni är här. Sara hörde irriterat hur tunn och gäll hennes röst lät.

Hon såg på det tjocka gröna tyget, såg rörelsen när det fördes åt sidan. I öppningen visade sig ett runt mansansikte med ett finger framför munnen.

- Fru Bergson, viskade karln. Hyssj! Jag är här för att beskydda er, ifall dom kommer hit upp.

Hon måtte ha sett alldeles förvillad ut för mannen tillade att han var från polisen och att han skulle förklara senare. - Allt har gått så snabbt, sa han också och lyfte avvärjande handen för att hon inte skulle svara. Så försvann han bakom draperiet igen.

Han hade förstås bättre hörsel, så ung som han var, tänkte hon. Sängen tycktes svaja till under henne där hon satt. Nu skulle det hända, alltsammans.

De måste ha brutit upp låset inifrån den

dunka	klopfen
bäva	beben
sniffa	schnüffeln
pepparmynta	Pfefferminze
bonbonjär	Konfektschale
tuggummi	Kaugummi
andedräkt	Atem
således	also
gäll	schrill
beskydda	beschützen
förvillad	verwirrt
avvärja	abwehren
svaja till	plötzlich schwanken

tidigare uthyrda lägenheten där nere. Nu var de på väg uppför trappan med smygande steg. Hon tänkte på hur de kunde ha låtit när de rådgjorde, att det kanske var risk att de skrämde ihjäl käringen, så gammal som hon var. Att hon antagligen inte visste nåt men att de ändå måste fråga ut henne. För nu var det bråttom, nu var det kris. Polisen hade redan tidigare visat sig vara dem på spåret. De hade ingenting att förlora.

Den där vänlige polismannen bakom draperiet, tänkte hon, vilken änglavakt. Att han råkade vara här just ikväll. Det var verkligen tur. Det var så mycket tur att det verkade för bra för att vara sant. Var han egentligen alls en polis?

Det knackade på sovrumsdörren. När hon inte svarade trycktes handtaget långsamt ner. I glipan mot den mörka hallen utanför skymtade en gestalt och ett ensamt stirrande öga. Hon stirrade stint tillbaka medan hennes magra händer for upp mot linningen på den höghalsade klänning hon bar.

Dörrspringan vidgades hastigt. Mannen som oombedd klev in i sovrummet var klädd som en joggare och stegen ljudlösa.

- Förlåt att vi stör, sa han.

Först nu upptäckte hon att ännu en man kommit in efter honom, mindre till växten men med samma sportiga mundering. Det slog henne att detta måste vara den allra bästa klädsel en inbrottstjuv kunde bära. Vem

smyga	schleichen
rådgöra	sich beraten
skrämma ihjäl	zu Tode erschrecken
käring	Alte
antagligen	wahrscheinlich
nåt = något	etwas
spår	Spur
änglavakt	Engelschutz
råka vara	zufällig sein
handtag	Türgriff
glipa	Spalt
skymta	auftauchen
stirra stint	starr ansehen
linning	Bündchen
dörrspringa	Türspalt
vidga	weiten
oombedd	ungebeten
kliva in	herein kommen
joggare	Jogger
steg	Schritt
mundering	Ausrüstung
inbrottstjuv	Einbrecher

misstänkte en konditionstränare på språng i sitt pass inom vilken miljö som helst?

- Vad betyder det här? frågade hon i ett försök att låta karsk men rösten darrade.

- Er förra hyresgäst glömde kvar några värdeföremål i lägenheten. Vi skulle hämta dom men dom fanns inte därnere. Vi tänkte att ni kanske hade en aning om var dom är.
- Vadå för värdeföremål och var låg dom i så fall? Kunde ni inte ha ringt först? tillade hon gnälligt. Komma och skrämma livet ur en gammal människa såhär.

- Vi ringde men ingen svarade, sa mannen.

Hon granskade honom. Det där var en tjuv, allright. En med fängelsevana, gissade hon. Det fanns något i hans sätt som skvallrade om hans erfarenheter. Som sa att han antagligen

misstänka	verdächtigen
tränare	jmd. der trainiert
pass	hier: Runde
karsk	mutig
värdeföremål	Wertgegenstand
gnällig	nörgelig
granska	prüfen
fängelsevana	Gewohnheit, im Gefängnis zu sein
skvallra	hier: verraten

också kunde vara fullkomligt hänsynslös när det gällde.

- Varför kom han inte själv hit, min hyresgäst? fortsatte hon.

- Han är ... han är förhindrad. Starkt förhindrad.

- Då får ni väl vänta tills han kan.

- Varför frågar du inte käringen vem som har varit därnere? avbröt den vresige mannen bakom honom. Sedan vände han sig själv till henne och talade högt som om han tog för givet att hon hörde dåligt eller hade svårt att fatta.

- Har nån annan fått hyra lägenheten? Inte? Har det varit hantverkare nere i källaren då? Rörmokare eller nån?

- Nej. Eller jo, förresten, det var nån här från Vattenverket, sa Sara Bergson och var nära att kasta en blick mot draperiet.

Först nu släppte hon sitt förskräckta grepp kring sin hals. Hon måste stödja sig på båda sidor. Sängen tycktes åter gunga under henne, liksom mattan som de båda männen stod på.

- Ursäktar ni om jag lägger mej ner ett ögonblick? Jag mår inte bra, viskade hon och svängde med en ansträngning upp fötterna på sängen där hon sjönk ner mot kuddarna med en liten flämtning.

- Vattenverket, sa den av männen som stod närmast. Vad gjorde han då?

- Jag har ingen aning. Han sa att han skulle kontrollera ledningarna. Men jag vet inte

hänsynslös	rücksichtslos
förhindra	verhindern
avbryta	abbrechen
vresig	mürrisch
ta för givet	für selbstverständ-lich nehmen
rörmokare	Rohrleger
nån = någon	
grepp	Griff
stödja	stützen
gunga	schwanken, schaukeln
svänga	schwingen
flämtning	Stöhnen
ledning	Leitung

om han gjorde det för jag har inte fått nån räkning.

- Och det gick ni på? sa den andre. Herrejävlar.

- Det kanske är gratis med sån kontroll, svarade hon matt.

Samtalet tog ett hastigt slut när draperiet for åt sidan och den civilklädde mannen steg fram med höjd pistol. Samtidigt sprang ett par uniformerade poliser in från hallen. De två inbrottstjuvarna lyfte tigande armarna i luften och lät sig utan motstånd förses med handklovar. Allt gick så tyst och stillsamt till som det anstod en händelse i ett sovrum tillhörigt en äldre dam.

Den civilklädde polismannen försäkrade sig om att hon inte behövde någon läkare. När piketen hämtat dem alla och hon var säker på att vara ensam i huset igen gick hon ner till den stora spegeln i salongen. Där knäppte hon upp klänningen i halsen.

Reflexerna ur ett av världens vackraste och dyrbaraste briljantsmycken störtade i kaskader mot hennes lyckligt leende ögon. Inte ens i hennes egen praktfulla samling diamanter gick någon upp mot dessa.

Så fort hon hade sett att cementväggen i ett undanskymt hörn av källaren fått en ny fuktig yta hade hon gissat att något dolde sig bakom den. Med tålamod och skicklighet lyckades hon knacka fram det lilla skrinet. I det låg det haffnerska briljantsmycket.

räkning	Rechnung
sån = sådan	
civilklädd	in Zivil
tiga	schweigen
handklov	Handschelle
stillsamt	ruhig, friedlich
anstå	sich schicken
försäkra sig	sich vergewissern
piket	Einsatzwagen
dyrbar	teuer
störta	stürzen
kaskad	Kaskade
gå upp mot ngt	über etwas gehen
undanskymt	versteckt
fuktig	feucht
dölja	verbergen
skrin	Schrein, Kästchen

Hon hade genast känt igen det. Hon var en av kontinentens största experter på ädelstenar efter att i många år ha samlat sig en förmögenhet. Fasadklättring hade varit hennes specialitet. På 20- och 30-talet beskrev alla världens tidningar henne som den kvinnliga Gäckande Skuggan.

Hyresgästen som placerat de haffnerska briljanterna hos henne måste ha varit en gammal bekant. Vem det var skulle hon aldrig få veta. Starkt förhindrad, hade tjuvarna sagt. Vad det betydde var lätt att gissa.

Det hade funnits oblandad cement kvar i en påse i källaren. Hon hade lagat hålet i väggen och väntat. Nu var alltsammans över. Inbrottstjuvarna skulle få sina straff och även om de inte blev långvariga skulle hon säkert bli lämnad ifred.

Diamanterna gnistrade i sin kalla skönhet. Hon tog ett par valssteg framför spegeln.

Nog var det besynnerligt ändå, att ålderdomen var ett sånt skydd. Omvärlden tog tydligen för givet att mänsklighetens alla svarta får genast blev grå, bara för att de nått pensionsåldern.

fasadklättring	Fassadenklettern
gäcka	täuschen
skugga	Schatten
ifred	in Ruhe
gnistra	funkeln
besynnerlig	eigenartig
ålderdom	Alter

Övningar

1 Diskussionsfrågor

1. Vad tycker du om novellens titel? Vad betyder den?

2. Hur är bilden man får av Sara i början resp. i slutet av historien?

3. Hur beskriver författaren att Sara har fått en gedigen uppfostran?

4. Vad kan ha varit anledningen till att hon betraktats som familjens svarta får?

5. Vad är hennes uppfattning om samhällets syn på åldringar?

6. Kan en gammal människa utnyttja sin ålder?

7. Var kommer vändpunkten – när man plötsligt förstår?

8. Blev du förvånad eller kunde du ana upplösningen?

9. Finns det några hänvisningar på det överraskande slutet, som man först uppmärksammar vid andra genomläsningen?

10. Vad sägs med den korta meningen "Sånt gick inte an" på sid. 56?

11. Vad tror du menas med att hyresgästen var "starkt förhindrad"?

12. På sid. 57 beskrivs hur tiden har "försvunnit" för henne medan hon skar upp brödet. Händer det dig någon gång att tiden "försvinner" eller "glappar"?

13. Har du varit med om något inbrott? Berätta för varandra.

14. Är du mörkrädd? Vad gör du i så fall? Berätta för varandra.

15. Vilka fördelar resp. nackdelar med hyresgäster kan du se?

> *skenet bedrar.*
> *(svenskt ordspråk)*

2   Rätt eller fel? Kryssa för!

	rätt	fel
Ex. Sara hade inte handlat mycket.	X	
1. Hon var en kraftig och stark kvinna.		
2. Hon hade en liten trädgård.		
3. Det var vår.		
4. Hon hade varit i södra Europa.		
5. Hon åt en stor middag.		
6. Hon såg några figurer i trädgården.		
7. Hon blev rädd.		
8. Hon satt i mörkret.		
9. Hon var ensam i sovrummet.		
10. Polisen var arg och ovänlig.		
11. Hon hade en höghalsad klänning.		
12. Två män kom in till henne.		
13. Männen var från Vattenverket.		
14. Polisen bakom draperiet hade ingen uniform.		
15. Den gamla kvinnan behövde läkare.		
16. Hon hade ett dyrbart halsband på sig.		
17. Halsbandet var hennes enda smycke.		
18. Hon hade hittat halsbandet i källaren.		
19. Hon hade levt ett lugnt och stillsamt liv.		
20. Till slut var hon ensam i huset.		

3

Gör egna frågor till följande svar.
Ordet inom parentes ska ingå i frågan. Flera alternativ är
givetvis tänkbara.

Ex. (handla) <u>Hade Sara handlat mycket (Vad hade Sara handlat)</u> ?
Svar: Bara sallad och bröd.

1. (lägenhet) _____?
Svar: Nej, i en villa.

2. (utomlands) _____?
Svar: Ja, många år på Rivieran.

3. (liv) _____?
Svar: Hon hade levt ett lyckligt liv.

4. (väder) _____?
Svar: Det var blåsigt.

5. (rädd) _____?
Svar: Hon såg några varelser i trädgården.

6. (vänta) _____?
Svar: I sovrummet.

7. (draperi) _____?
Svar: En polis.

8. (inbrottstjuv) _____?
Svar: Han frågade efter några värdesaker.

9. (besöka) _____?
Svar: Någon från Vattenverket.

10. (klänning) _____?
Svar: Ett dyrbart briljant-halsband.

Ordgrupper
Skriv in orden under rätt rubrik!

häck	filmjölk	bädd	ansikte	sängkant
alm	limpa	ägg	hand	fruktträd
garderob	hals	staket	draperi	hallonbuskar
fingrar	vedspis	sänglampa	ögon	brödburk

trädgård

_____

_____

_____

_____

_____

kök

_____

_____

_____

_____

_____

sovrum

_____

_____

_____

_____

kropp

_____

_____

_____

_____

5 Ge instruktioner!

Säg åt Sara att …..

Ex. köpa mjölk och bröd   __Köp mjölk och bröd__   !

1. inte vara rädd   _____!

2. komma hem   _____!

3. skicka brevet   _____!

4. tända lampan   _____!

5. inte bry sig om tjuvarna _____!

6. dra för gardinerna   _____!

7. gå upp i sovrummet   _____!

8. vara tyst och vänta   _____!

9. lägga sig på sängen   _____!

10. inte visa halsbandet   _____!

6 Gör sammansatta ord!
Skriv även pluraländelserna.

Ex. träd + gård   =   <u>en trädgård -ar</u>

1. hem + längtan   = _____

2. barndom + hem   = _____

3. hyra + gäst   = _____

4. granne + tomt   = _____

5. bröd + burk   = _____

6. tjänst + flicka   = _____

7. bord + lampa   = _____

8. cement + vägg   = _____

9. man + ansikte   = _____

10. ängel + vakt   = _____

11. sova + rum + dörr   = _____

12. inbrott + tjuv   = _____

13. fasad + klättra   = _____

14. vals + steg   = _____

15. pension + ålder   = _____

7 Adjektiv 1

Översätt adjektiven och sätt in dem i rätt form som adjektiv eller adverb.

Ex. Hon satte sig på den ___**mjuka**___ sängen.

> weich

1. Hon bodde i ett _____ hus.

> klein

2. Huset var omgivet av _____ häckar.

> groß

3. Hon skrev mycket _____ brev.

> persönlich

4. Hon förflyttade sig _____.

> schnell

5. Hennes _____ hjärta bultade _____.

> stark, laut

6. Familjen tyckte om sina _____ tjänsteflickor.

> lebhaft

7. Allt gick väldigt _____.

> langsam

8. Hon var fäst vid _____ saker.

> alt

9. Hon kunde vara _____ _____.

> vollkommen
> rücksichtslos

10. Hennes röst lät _____.

> schrill

11. Den _____ hösten hade kommit _____.

> früh
> unerwartet

12. Den _____ polismannen stod bakom ett _____ draperi.

> freundlich
> schwer

8 Adjektiv 2
Kan du komparera?

	positiv	komparativ	superlativ
Ex. lebhaft	livlig	livligare	livligast
1. weich			
2. klein			
3. groß			
4. schnell			
5. persönlich			
6. gut			
7. laut			
8. alt			
9. schrill			
10. rücksichtslos			
11. schön			
12. lang			

9

Yrken

Fyll i rätt yrke i rutorna enligt exemplet. Du hittar yrkena i texten. De numrerade bokstäverna samlar du i rutorna längst ner på sidan. Där får du en viktig uppmaning!

Ex. arbetar på kontor

S	E	K	R	E	T	E	R	Ä[11]	R	E

1. försvarar åtalade

	[6]				

2. övervakar trafiken

			[5]

3. städar, lagar mat, serverar

							[3]		

4. sköter utearbetet på en gård

				[4]	

5. lukar och räfsar

						[9]			

6. säljer många olika varor

			[2]							[7]

7. plöjer, sår och mjölkar

	[8]	

8. lagar toaletter

			[10]		

9. tillverkar/reparerar olika saker

		[1]						

[1]	[2]	[3]	[4]

[5]	[6]	[7]	[8]	[9]	[10]	[11]
						A

!

10 Reflexiva verb
Sätt in rätt ord i rätt form.

vänja sig	påminna sig	inbilla sig	befinna sig	vända sig
bry sig	lägga sig	dölja sig	stödja sig	försäkra sig

Ex.: Var __**befann**__ ni _____**er**_____ mellan kl 22 och 23
i går kväll? frågade polisen.

1. Det är inte sant. Det har du bara _____.

2. Den gamla damen _____ på käppen.

3. Hon gick och _____ kl. 23.

4. Vad tror du _____ bakom draperiet?

5. Jag kan aldrig _____ vid den svenska vintern.

6. Han _____ om efter flickan.

7. Anna _____ om att gå till banken.

8. Jag _____ inte om vad du säger. Du måste göra det.

9. Nils _____ om att det inte stod någon bakom
dörren.

11 Ett korsord med synonyma adjektiv

1. ej sen
2. lite mörkt
3. långt bort
4. mycket vacker
5. ej ung
6. mycket glad
7. duktig
8. mörk
9. allena
10. rädd
11. lite kall
12. tyst
13. orörlig
14. riskabel
15. svår
16. skarp och hög röst

12 Skriv synonymer.
Du kan välja bland orden i rutan.

Ex. villa   = __hus__

1. tyst   = _____

2. långt borta = _____

3. spröd, svag = _____

4. förståelse = _____

5. sak   = _____

6. halvmörkt   = _____

7. konstigt   = _____

8. godkänna   = _____

9. tänka   = _____

10. rädd   = _____

11. arg   = _____

12. stor   = _____

13. kraft   = _____

14. bräda   = _____

15. separat, enslig = _____

ljudlöst

vidsträckt

avskild

acceptera

fundera

~~hus~~

skumt

styrka

avlägset

egendomligt

skrämd

föremål

insikt

bräcklig

planka

vresig

13 Kan du böja verben?

	presens	preteritum	perfekt
Ex.	hon kammar sig	hon kammade sig	hon har kammat sig
1.	hon vänjer sig		
2.		de påminde sig	
3.			vi har inbillat oss
4.		ni brydde er	
5.	hon stödjer sig		
6.		jag lade mig	
7.			du har vänt dig
8.	vi befinner oss		
9.		du försäkrade dig	
10.			det har dolt sig

14. Prepositioner

~~i~~	till	under	över	uppför	mot
till	bakom	på	i	från	

Ex.: Hon frös _____i_____ den kyliga kvällen.

1. Han gick _____ backen.

2. De hade en lägenhet _____ tre rum och kök.

3. Sara hade ett spännande liv _____ sig.

4. Mannen gick tvärs _____ golvet.

5. Vill du komma _____ besök i helgen?

6. _____ de sista åren bodde hon i Stockholm.

7. Hon hade väntat _____ två veckor.

8. Männen slog hårt _____ väggen.

9. Snabbt tog hon trappan upp _____ sovrummet.

10. Det kom en konstig lukt _____ garderoben.

15 Skriv singular och plural i obestämd och bestämd form!

	singular		plural	
	obestämd	bestämd	obestämd	bestämd
Ex.	en dag	dagen	dagar	dagarna
1.	en villa			
2.				bostäderna
3.		köket		
4.	ett brev			
5.			släktingar	
6.				häckarna
7.	ett liv			
8.		fågeln		
9.			draperier	
10.	ett lås			
11.				räkningarna
12.			diamanter	

August Strindberg (1849-1912)

levde i Stockholm, Frankrike och Schweiz. Han
studerade i Uppsala och som ung arbetade
han både som journalist och bibliotekarie.
Hans litterära verksamhet spänner över 40 år
och omfattar ca 120 verk, varav ca 60 dramer,
samt romaner, noveller, dikter, essäer och
vetenskapliga arbeten. Dessutom är ca 10 000
brev bevarade. Det är som dramatiker Strindberg
har fått en plats i världslitteraturen.

För svensk litteratur är han den store förnyaren av prosan. "Röda rummet",
1879, betraktas som den första moderna svenska romanen.

Strindberg har också internationell ryktbarhet som bildkonstnär, både med
måleri och experimentfotografering. Han försökte sig också på kemiska
experiment (bl. a guldmakeri).

Ett huvudtema i skådespelen är könskampen. Strindberg var gift tre gånger,
i ett längre och två kortare konfliktfyllda äktenskap. Fruarna Siri von Essen,
Frida Uhl och Harriet Bosse har också blivit kända och omskrivna.

Novellsamlingen "Giftas", riktad mot feminismen, ledde till åtal för hädelse.

Den korta novellen "Ett halvt ark papper" kom på första plats i en tävling om
världens bästa novell, som Sveriges Radio utlyste bland sina lyssnare 2006.

Några mest kända verk: Dramer: Fadren, 1887
                                     Fröken Julie, 1888
                                     Fordringsägare, 1889
                                     Påsk, 1900
                                     Dödsdansen, 1900
                   Romaner: Röda rummet, 1879
                                     Tjänstekvinnans son, 1886-87
                                     Hemsöborna, 1887
                   Noveller: Giftas, 1894

August Strindberg

Ett halvt ark papper

S ista flyttningslasset hade gått; hyresgästen, en ung man med sorgflor på hatten, vandrade ännu en gång genom våningen för att se, om han glömt något. - Nej, han hade icke glömt något, absolut ingenting; och så gick han ut, i tamburen, fast besluten att icke mer tänka på det han upplevat i denna våning. Men se, i tamburen, invid telefonen, satt ett halvt ark papper fastnubbat; och det var fullskrivet med flera stilar, somt redigt med bläck, annat klottrat med blyerts eller rödpenna. Där stod det, hela denna vackra historia, som avspelats på den korta tiden av två år; allt han ville glömma stod där; ett stycke mänskoliv på ett halvt ark papper.

flyttningslass	Umzugsfuhre
hyresgäst	Mieter /-in
sorgflor	Trauerflor
tambur	Flur
invid	neben
ark	Stück
nubba fast	mit Heftzwecken befestigen
somt = somligt	einiges, manches
redigt	deutlich
klottra	kritzeln
blyerts	Graphit, Bleistift

Han tog ner arket; det var sådant där solgult konceptpapper, som det lyser av. Han lade det på salskakelugnens kappa, och lutad över detsamma läste han. Först stod hennes namn: Alice, det vackraste namn han då visste, därför att det var hans fästmös. Och numret - 15 11. Det såg ut som ett psalmnummer i kyrkan. Därpå stod: Banken. Det var hans arbete, det heliga arbetet, som gav brödet, hemmet och makan, grunden till existensen. Men det var överstruket! Ty banken hade störtat, men han hade räddats över på en annan bank, dock efter en kort tid av mycken oro.

Så kom det. Blomsterhandeln och hyrkusken. Det var förlovningen, då han hade fickan full av pengar.

Därpå: möbelhandlarn, tapetserarn: han sätter bo. Expressbyrån: de flytta in.

Operans biljettkontor 50 50. De äro nygifta och gå på Operan om söndagarne. Deras bästa stunder, då de själva sitta tysta, och råkas i skönhet och harmoni i sagolandet på andra sidan ridån.

Här följer ett mansnamn, som är överstruket. Det var en vän, som nått en viss höjd i samhället, men som icke kunde bära lyckan utan föll, ohjälpligt, Och måste resa långt bort. Så bräckligt är det!

Här synes något nytt ha inträtt i makarnes liv. Det står med en fruntimmershand, och blyertspenna: »Frun». Vilken fru? - Jo, den med den stora kappan och det vänliga, deltagande

solgult kon-ceptpapper	billiges Schreib-papier
kappa	hier: Absatz
fästmö	Verlobte
maka	Ehefrau
överstruket störta	durchgestrichen stürzen
hyrkusk	Mietkutscher
tapetserarn	Tapezierer
expressbyrå	Fuhrgeschäft (altertüml.)
äro = är	
råkas	sich treffen
ridå	Vorhang (Theater)
nå	erreichen
bräckligt	zerbrechlich
inträda	eintreten
fruntimmer	Frauenzimmer
deltagande	teilnahmsvoll

ansiktet, som kommer så tyst, och aldrig går genom salen, utan tar korridorvägen till sängkammaren.

Under hennes namn står Doktor L.

För första gången dyker här upp namnet på en släkting. Det står »Mamma». Det är svärmodern, som diskret hållit sig undan för att icke störa de nygifta, men nu påkallas i nödens stund, och kommer med glädje, eftersom hon behövs.

Här börjar ett stort klotter med blått och rött. Kommissionskontoret: jungfrun har flyttat, eller skall en ny anställas. Apoteket. Hm! Det mörknar! Mejeribolaget. Här rekvireras mjölk, tuberkelfri.

Kryddbon, slaktarn etc. Huset börjar skötas per telefon; då är husmodern icke på sin plats. Nej, ty hon ligger till sängs.

Det, som sedan följde, kunde han icke läsa, ty det börjar skymma för hans ögon, som det måtte göra för den drunknande på havet, när han skall se igenom salt vatten. Men där stod: Begravningsbyrån. Det talar ju nog! En större och en mindre, underförstått: kista. Och i parentes var skrivet: av stoft.

Sedan stod där intet mer! Stoft slutade det med; och det gör det.

Men han tog solpapperet, kysste det och lade det i sin bröstficka.

På två minuter hade han genomlevat två år av sitt liv. Han var icke böjd, när han gick ut; han bar tvärtom sitt huvud högt, som en

hålla sig undan	sich zurückziehen
påkalla	zu Hilfe rufen
nöd	Not
kommissions-kontor	Arbeitsvermittlung (altertüml.)
jungfru	Dienstmädchen
rekvirera	bestellen
tuberkelfri	frei von Tuberkel-bazillen, keimfrei
kryddbon (-boden)	Feinkostladen
ty	denn
drunkna	ertrinken
begravnings-byrå	Bestattungsinstitut
kista	Sarg
stoft	sterbliche Über-reste
böjd	gebeugt
tvärtom	im Gegenteil

lycklig och stolt människa, ty han kände, att han dock ägt det skönaste. Hur många arma, som aldrig fått det!

äga besitzen
arm arm, unglücklich

Övningar

1 Diskussionsfrågor

1. Varför tror du att denna novell har blivit en klassiker?

2. Ge exempel på vad som är tidstypiskt och tidlöst.

3. Har du varit med om något liknande? Att några få ord eller en speciell sak får dig att minnas en stor del av ditt liv?

4. "Det är bättre att ha älskat och förlorat än att inte ha älskat alls", sade Lord Tennyson. Tycker du att det är sant?

5. Vad tror du hände med vännen som reste långt bort?

6. Läs beskrivningen om operabesöket. Har du varit med om något liknande i samband med teater eller opera?

7. I vilken sjukdom tror du Alice dog?

8. Vilka tankar väcker ordet "svärmor" hos dig?

> Du kan inte hindra sorgens fåglar
> att flyga över ditt huvud, men du kan
> hindra dem att bygga bo i ditt hår.
> (kinesiskt ordspråk)

2 Innehållsfrågor

1. Hur beskriver texten den unge mannens klädsel?

   _____

2. Varför vill han inte tänka på det han har varit med om i våningen?

   _____

3. Vad hittar han i hallen?

   _____

4. Hur lång tidsperiod handlar pappret om?

   _____

5. Är det skrivet av en och samma person?

   _____

6. I vilket förhållande står han till Alice?

   _____

7. Vilket yrke har han?

   _____

8. Har han arbetat på samma bank hela tiden?

   _____

9. Vad brukade de göra på söndagarna?

   _____

10. Varför kom doktor L.?

    _____

11. Vilken sorts mjölk beställde de?

    _____

12. Vad betyder anteckningen om en stor och en liten kista?

_____

13. Hur känner han sig när han har läst det halva arket? Beskriv skillnaden i hans sinnesstämning i början och i slutet av novellen.

_____

3   Ordgrupper
Leta i novellen efter ord som passar under dessa rubriker!

släktingar	kontorsmateriel

rum	kläder

Yrken –arbetsplatser

Det finns många yrken och arbetsplatser i texten. Fyll i yrke respektive arbetsplats med ändelse för bestämd form.

	Yrke	Arbetsplats
Ex.	bankman -nen/kamrer -en	**bank -en**
1.		kyrka -n
2.		blomsterhandel -n
3.	hyrkusk -en	
4.	möbelhandlare -n	
5.	farmaceut -en	
6.		expressbyrå -n
7.	doktor -n	
8.	jungfru -n	
9.	tapetserare -n	
10		mejeribolag -et
11.		kryddbod -en
12.	slaktare -n	
13.	husmoder -n	
14.	begravningsentreprenör -en	

5 Lös korsordet.

1. en sjukdom
2. makens mamma
3. penna
4. svag
5. kommer på besök
6. hall
7. mun mot mun
8. fru

9. en kort tid
10. en bit papper
11. rasa ner
12. finrum
13. kör hästen
14. lidande
15. ej tom

6 Synonymer

Ex. våning   =   <u>lägenhet</u>

1. vandra   =   _____

2. störta   =   _____

3. bräcklig   =   _____

4. inträda   =   _____

5. fruntimmer   =   _____

6. nöd   =   _____

7. arm   =   _____

8. invid   =   _____

9. oro   =   _____

10. rekvirera   =   _____

11. tambur   =   _____

12. lägenhet   =   _____

13. råkas   =   _____

14. skön, stilig =   _____

15. mörkna   =   _____

7 Motsatser

Ex. ung   ⟷   _gammal_ _____

1. glömma ⟷ _____
2. först ⟷ _____
3. stryka över ⟷ _____
4. full ⟷ _____
5. bäst ⟷ _____
6. vänlig ⟷ _____
7. glädje ⟷ _____
8. anställa ⟷ _____
9. böjd ⟷ _____
10. oro ⟷ _____
11. fritid ⟷ _____
12. ful ⟷ _____
13. låg ⟷ _____
14. mörk ⟷ _____
15. lycklig ⟷ _____

Facit

Vilhelm Moberg: Torr sommar

2 Innehållsfrågor

1. 1868.
2. Från midsommar till höst (juni till september).
3. Västan.
4. Bockahagen.
5. 4.
6. Bara två år.
7. Hon tror att Gud ska straffa dem.
8. Anna.
9. Alla blev allvarliga och lättretade.
10. Regn.
11. Spillråg (det de tappar när de binder nekarna).
12. De sinar.
13. Ladan brinner ner.
14. Hon tror att det är Guds straff.
15. I september.
16. De tittade efter moln.
17. I augusti.
18. I juni.
19. Regnig.
20. Med yxa och hammare.

3 Rätt eller fel?

1. fel
2. fel
3. fel
4. fel
5. rätt
6. rätt
7. fel
8. rätt
9. fel
10. fel
11. rätt
12. fel
13. fel
14. fel
15. rätt

4 Gamla mått

1. 5,2 l
2. 14808 m² = ca. 1,5 ha
3. 630 - 870 l
4. 126 - 174 l
5. 39488 m² = ca. 4 ha

5 Ordgrupper

Väder: klar himmel, het sol, torkmoln, västanvind, ostanvind, nordöstan, torkan, åskväder, skräll, åskskur, mullret, våtår, regnsommar, torrsommar, mulnade, regndroppar, ljungeld, dagsregn, övermulet

Jordbruk: sådden, plöja, harva, gödsla, bryta sten, träda, råg, gro, åker, så, slåtter, hö, gröda, missväxt, säd, bete, kärvar, nekar, ax, korn, mjölkstäva, utsäde, sädesbingen

Känslor och humör: förtegen, tillsluten, tiga, rädd, tryckt stämning, sorgsen, ångra, harmsen, gruva sig, bitterhet, suckade, grämelse, munterhet, leende, skratt

(Vilhelm Moberg: Torr sommar)

6 Använd "också"

1. Karl-Oskar väntar också på regn.
2. Åkern är också torr.
3. Man gör bröd också av vete./
   Man gör bröd av vete också.*
4. De måste också slakta en ko till hösten./
   De måste slakta en ko till hösten också.*
5. Det var också missväxt i år./
   Det var missväxt i år också.
6. Karl-Oskar ber också till Gud.
7. De tittade också efter regnmoln på
   kvällen./De tittade efter regnmoln på
   kvällen också.*
8. Höet brann också upp.
9. Anna bar också vatten till ladan.
10. Anna var också på dåligt humör.

* Om "också" placeras sist i satsen betonas ordet som föregår "också", t.ex.:
Man gör bröd av råg. Man gör bröd av vete också.

---

7 Använd "inte-heller"

1. De fick inte heller något jaktbyte.*
2. Det kom inte heller något regn i augusti.*
3. Karl-Oskar kunde inte heller minnas
   en så torr sommar.*
4. Vetet grodde inte heller.*
5. Karl-Oskar kunde inte heller sova.*
6. Anna visste inte heller vad hon
   skulle säga.*
7. Anna var inte heller lat.*
8. Karl-Oskar svarade inte heller.*
9. De var inte heller vänner.*
10. Anna var inte heller nöjd.*

* Ordet "heller" kan också placeras sist.

8 Välj nu rätt: "också" eller "inte-heller"

1. Grannarna kunde inte heller släcka
   branden.*
2. Nordan var också en svår vind.
3. Anna pratade också om arbetet.
4. Åskan hjälpte inte heller regnet.*
5. Björkarna fick också gula blad.
6. Brunnarna sinade också.
7. Han sade inte heller några goda ord.*
8. Karl-Oskar arbetade också hårt.
9. Människorna tålde inte heller sig
   själva.*
10. Anna blev också kärleksfull igen.

* Ordet "heller" kan också placeras sist.

9 Motsatser

1. våt
2. mulen
3. ovänner, fiender
4. pratsam, öppen
5. stannade av, slutade, upphörde
6. satte sig, lade sig, gick och lade sig,
   gick till sängs
7. öppnade
8. gick från, lämnade
9. somnade

10 Prepositioner

1. för - sedan
2. i
3. till
4. i
5. i
6 över
7. på
8. under, över
9. på, mot
10. om
11. på
12. över
13. från
14. för

(Vilhelm Moberg: Torr sommar)

11 Ändra tempus

a) Anna blir skrämd, när åskan går. Hon sitter med händerna knäppta som till en bön. Karl-Oskar går ut och ställer sig i bara skjortan på farstubron. Det susar i luften, stora feta regndroppar börjar falla. Hans bitterhet viker undan.

b) Anna hade blivit skrämd, när åskan hade gått. Hon hade suttit med händerna knäppta som till en bön.
Karl-Oskar hade gått ut och (hade) ställt sig i bara skjortan på farstubron. Det hade susat i luften, stora feta regndroppar hade börjat falla. Hans bitterhet hade vikit undan.

12 Ordna orden till meningar

1. Karl-Oskar gick där nu i slåtterängen och var bitter.
2. De var nybörjare, det var bara andra gröden som de nu bärgade.
3. Hustrun knöt händerna hårt om räfsskaftet och hon vitnade i kinderna.
4. Karl-Oskar var inte alldeles säker på att Gud var god.
5. Missbruka inte, Karl-Oskar! sade hon.
6. Och det unga bondfolket fortsatte att bärga sitt hö.
7. Anna bar allt lättare mjölkstävor från lagårn.
8. Han kunde tala till Anna igen och säga det som hon hade rätt att få höra.

Tage Danielsson: Sagan om den rättvisa Gudrun

2 Rätt eller fel?

1. rätt	4. rätt	7. fel	10. fel	13. rätt
2. fel	5. fel	8. rätt	11. rätt	14. fel
3. rätt	6. fel	9. rätt	12. fel	15. rätt

3 Vad heter adjektiven?

1. gudomlig	6. riktig	11. ledig
2. beskedlig	7. onödig	12. symbolisk
3. möjlig	8. ömsesidig	13. fördelaktig
4. ordentlig	9. trasig	14. ansträngande
5. faslig	10. skojig	15. rättvis

4 Ordet hålla ...

1. håller på	4. håller	7. håller till
2. håller på med	5. håller i	8. håller av
3. håller	6. håller upp	

(Tage Danielsson: Sagan om den rättvisa Gudrun)

5 Skriv synonymer

1. motsvara
2. sälja
3. amma
4. laga
5. förstå

6. träffa
7. älska
8. veta
9. leva
10. hålla med

11. tvätta
12. få
13. gå
14. tala
15. skrika

Korsord:

1. motsvarat
2. sålt
3. ammat
4. lagat
5. förstått

6. träffat
7. älskat
8. vetat
9. levat
10. hållit med

11. tvättat
12. fått
13. gått
14. talat
15. skrikit

6 Korsord

1. strumpor
2. baby
3. skjorta
4. potatis
5. sked

6. hundvakten
7. tidning
8. blöja
9. tandborste
10. knapp

11. kavaj
12. säng
13. propp

7 Välj rätt: "också" eller "inte - heller"

1. inte - heller
2. också
3. också
4. inte - heller

5. inte - heller
6. också
7. inte - heller
8. också

9. inte – heller
10. också

8 Bilda substantiv av verb

1. fällning
2. snarkning
3. amning
4. bäddning

5. isyning
6. dammsugning
7. strykning
8. tömning

9. kokning
10. lagning

9 Bilda substantiv av orddelar

1. en innebörd
2. en borgmästare
3. en tidning
4. ett äktenskap

5. en kärlek
6. en betydelse
7. en trerummare
8. en plasthållare

9. en snällhet
10. ett utseende

Birgitta Stenberg: Några valssteg till Haffners ära

2 Rätt eller fel?

1. fel	5. fel	9. fel	13. fel	17. fel
2. fel	6. rätt	10. fel	14. rätt	18. rätt
3. fel	7. rätt	11. rätt	15. fel	19. fel
4. rätt	8. rätt	12. rätt	16. rätt	20. rätt

3 Gör egna frågor!

1. Bodde/Bor hon i lägenhet?
2. Har/Hade hon varit (mycket) utomlands?
3. Vilket (sorts) liv har/hade hon haft/levat/levt? Hur hade hennes liv varit? Hur har/hade hon levat/levt?
4. Hur var vädret? Vilket sorts väder var det?
5. Varför blev hon rädd?
6. Var väntade hon? I vilket rum väntade hon?
7. Vem stod bakom draperiet? Vad/vem fanns bakom draperiet?
8. Vad ville inbrottstjuven ha? Vad frågade/letade inbrottstjuven efter?
9. Vem hade besökt Sara?
10. Vad har/hade Sara under klänningen?

4 Ordgrupper

Trädgård: häck, staket, hallonbuskar, alm, fruktträd

Kök: filmjölk, limpa, brödburk, vedspis, ägg

Sovrum: sängkant, bädd, sänglampa, draperi, garderob

Kropp: ögon, hand, fingrar, hals, ansikte

5 Ge instruktioner!

1. Var inte rädd!
2. Kom hem!
3. Skicka brevet!
4. Tänd lampan!
5. Bry dig inte om tjuvarna!
6. Dra för gardinerna!
7. Gå upp i sovrummet!
8. Var tyst och vänta!
9. Lägg dig på sängen!
10. Visa inte halsbandet!

6 Gör sammansatta ord!

1. en hemlängtan
2. ett barndomshem -
3. en hyresgäst -er
4. en granntomt -er
5. en brödburk -ar
6. en tjänsteflick/a -or
7. en bordslamp/a -or
8. en cementvägg -ar
9. ett mansansikte -n
10. en änglavakt -er
11. en sovrumsdörr -ar
12. en inbrottstjuv -ar
13. en fasadklättring -ar
    en fasadklättrare -
14. ett valssteg -
15. en pensionsåld/er -rar

(Birgitta Stenberg: Några valssteg till Haffners ära)

7 Adjektiv 1

1. litet	4. hastigt/	5. starka, högt	8. gamla	10. gäll
2. stora	snabbt/	6. livliga	9. fullkomligt,	11. tidiga, oväntat
3. personliga	raskt/fort	7. långsamt	hänsynslös	12. vänliga, tungt

8 Adjektiv 2

1. weich	mjuk	mjukare	mjukast
2. klein	liten	mindre	minst
3. groß	stor	större	störst
4. schnell	snabb	snabbare	snabbast
	hastig	hastigare	hastigast
	rask	raskare	raskast
5. persönlich	personlig	mer personlig	mest personlig
6. gut	bra, god	bättre, godare	bäst, godast
7. laut	hög	högre	högst
8. alt	gammal	äldre	äldst
9. schrill	gäll	gällare	gällast
10. rücksichtslos	hänsynslös	mer hänsynslös	mest hänsynslös
11. schön	vacker	vackrare	vackrast
12. lang	lång	längre	längst

9 Yrken

1. advokat	4. gårdskarl	7. bonde
2. polis	5. trädgårdsdräng	8. rörmokare
3. tjänsteflicka	6. gårdfarihandlare	9. hantverkare

10 Reflexiva verb

1. inbillat dig	4. döljer sig	7. påminner/påminde sig
2. stöder/stödde sig	5. vänja mig	8. bryr mig
3. la(de) sig	6. vänder/vände sig	9. försäkrade sig

11 Korsord

1. tidig	5. gammal	9. ensam	13. stel
2. skumt	6. lycklig	10. skrämd	14. farlig
3. avlägset	7. skicklig	11. kylig	15. besvärlig
4. praktfull	8. dunkel	12. ljudlöst	16. gäll

(Birgitta Stenberg: Några valssteg till Haffners ära)

12 Skriv synonymer!

1. ljudlöst	4. insikt	7. egendomligt	10. skrämd	13. styrka
2. avlägset	5. föremål	8. acceptera	11. vresig	14. planka
3. bräcklig	6. skumt	9. fundera	12. vidsträckt	15. avskild

13 Kan du böja verben?

1. hon vänjer sig	hon vande sig	hon har vant sig
2. de påminner sig	de påminde sig	de har påmint sig
3. vi inbillar oss	vi inbillade oss	vi har inbillat oss
4. ni bryr er	ni brydde er	ni har brytt er
5. hon stödjer sig	hon stödde sig	hon har stött sig
6. jag lägger mig	jag lade mig	jag har lagt mig
7. du vänder dig	du vände dig	du har vänt dig
8. vi befinner oss	vi befann oss	vi har befunnit oss
9. du försäkrar dig	du försäkrade dig	du har försäkrat dig
10. det döljer sig	det dolde sig	det har dolt sig

14 Prepositioner

1. uppför	3. bakom	5. på	7. i	9. till
2. på	4. över	6. under	8. mot	10. från

15 Skriv singular och plural

1. en villa	villan	villor	villorna
2. en bostad	bostaden	bostäder	bostäderna
3. ett kök	köket	kök	köken
4. ett brev	brevet	brev	breven
5. en släkting	släktingen	släktingar	släktingarna
6. en häck	häcken	häckar	häckarna
7. ett liv	livet	liv	liven
8. en fågel	fågeln	fåglar	fåglarna
9. ett draperi	draperiet	draperier	draperierna
10. ett lås	låset	lås	låsen
11. en räkning	räkningen	räkningar	räkningarna
12. en diamant	diamanten	diamanter	diamanterna

August Strindberg: Ett halvt ark papper

2 Innehållsfrågor

1. Han har sorgflor på hatten. (hatt och långrock på bilden)
2. Det var för svårt och sorgligt. Han hade upplevt stor sorg.
3. Ett halvt ark papper, fullskrivet, fullklottrat.
4. 2 år.
5. Nej, det är flera handstilar.
6. Det var hans maka/fru.
7. Bankman, bankkamrer
8. Nej, han var tvungen att byta bank.
9. De brukade gå på Operan.
10. Därför att hans fru var sjuk.
11. Tuberkelfri.
12. En vuxen och ett barn var döda.
13. Han är lycklig och stolt i motsats till i början av novellen, när han är ledsen och sorgsen. Han känner att han har fått uppleva lyckan.

3 Ordgrupper

Släktingar: mamma, svärmor, fästmö, fru

Kontorsmateriel: rödpenna, blyertspenna, papper, konceptpapper, ark

Rum: sal, sängkammare, tambur, korridor

Kläder: kappa, sorgflor, hatt

4 Yrken - arbetsplatser

1. präst -en
2. expedit -en/florist -en
3. transportfirm/a -an/ taxibolag -et
4. möbelaffär -en/ möbelfirm/a -an
5. apotek -et
6. flyttkarl -en
7. sjukhus -et
8. hushåll -et
9. möbelfirm/a -an/ möbelverkstad -en
10. mjölkbud -et
11. expedit -en
12. slakteri -et/köttaffär -en
13. hushåll -et/hem -met
14. begravningsbyrå -n

5 Korsord

1. tuberkulos
2. svärmor
3. blyerts
4. bräcklig
5. gäst
6. tambur
7. kyss
8. maka
9. stund
10. ark
11. störta
12. sal
13. kusk
14. nöd
15. full

(August Strindberg: Ett halvt ark papper)

6 Synonymer

1. gå/promenera
2. rasa/falla
3. svag
4. gå in/komma in
5. kvinna
6. lidande
7. stackars/fattig
8. bredvid/tätt intill
9. nervositet
10. beställa
11. hall
12. våning
13. träffas/mötas
14. vacker
15. skymma

7 Motsatser

1. minnas/komma ihåg
2. sist
3. stryka under
4. tom
5. sämst
6. ovänlig
7. sorg
8. säga upp/avskeda
9. rak
10. lugn
11. arbete
12. vacker
13. hög
14. ljus
15. olycklig

Svensk-tysk ordlista

Förkortningar:

ngn	någon
ngt	något
best. f.	bestämd form
jmdm.	jemandem
jmdn.	jemanden

A

alm -en -ar	Ulme
amning -en -ar	Stillen
anbefall/a -er -de -t	befehlen
andedräkt -en	Atem
anförtro -r -dde -tt	anvertrauen
aning -en -ar	Ahnung
anlete -t -n	Angesicht
ans/a -ar -ade -at	pflegen
ansträngning -en -ar	Anstrengung
an/stå -r, -stod, -stått	sich schicken
ansätt/a -er, ansatte,	
ansatt	bedrängen
antagligen	wahrscheinlich
ark -et -	Stück, Blatt
ark -en -ar	Arche
arm	arm, unglücklich
art/a -ar -ade -at **sig**	sich gut anlassen
ask -en -ar	Esche
ask/a -an -or	Asche
av/bryt/a -er, -bröt, -brutit	abbrechen
avlägsen	entfernt
avog	abgeneigt
avskild	abgeschieden
avteckn/a -ar -ade -at	abzeichnen
avvärja	abwehren
ax -et -	Ähre

B

bajsig plastblöj/a -an-or	vollgemachte Plastikwindel
bakgrund -en -er	Hintergrund
bart	bloß
bedrag/a -er eller bedrar, bedrog, bedraglt	täuschen, betrügen
bedräglighet -en -er	Trug, Täuschung
bedrägligt	trügerisch
begravningsbyrå -n-er	Bestattungsinstitut
begynn/a -er, begynte, begynt	beginnen
beskedlig	gutmütig, nachgiebig
beskydd/a -ar -ade -at	beschützen
beskyll/a -er -de -t	beschuldigen
besynnerlig	eigenartig, sonderbar
bete -t -n	Gras, Weide
bete -r -dde -tt **sig**	sich verhalten
betrakt/a -ar -ade -at	betrachten
bidé -n -er	Bidet
bitsk	bissig
bli -r, blev, blivit **kvitt**	loswerden, befreit werden
bli -r, blev, blivit **fäst** **vid ngn**	sich angezogen fühlen
blott	bloß
blott/a -ar -ade -at	bloßlegen
blyerts -en -ar	Graphit, Bleistift
blöt/a -an	Nässe
bonbonjär -en -er	Konfektschale
bottenskyld	nur der Boden bedeckt
brodd -en -ar	Keim, Saat
bryta -er, bröt, brutit **sten**	Steine entfernen
brådmogen	zu schnell gereift
bräcklig	gebrechlich, zerbrechlich
bränn/a -er, brände, bränt	brennen
burk -en -ar	Dose
butter	mürrisch
bygd -en -er	Gegend
byte -t -n	Beute
bädd -en -ar	Bett
bärg/a -ar -ade -at	bergen
bäv/a -ar -ade -at	beben
böjd	gebeugt
bön -en -er	Gebet
bönhör/a bönhör, -de -t	erhören
bönhörelse -n -r	Erhörung
börd/a -an -or	Bürde, Last

C

cement -en (även -et)	Zement
civilklädd	in Zivil

D

darr/a -ar -ade -at	zittern
deltagande	teilnahmsvoll
Den Allsmäktige	der Allmächtige
drabb/a -ar -ade -at	betreffen, treffen
drabb/as -ades -ats	befallen werden
draperi -et -er	Vorhang
drunkn/a -ar -ade -at	ertrinken
dräm/ma -mer -de -t **till**	zuschlagen
dunk/a -ar -ade -at	klopfen
dunkel dunklet	Dunkelheit
dyrbar	teuer
dölj/a -er, dolde, dolt	verbergen
dörrspring/a -an -or	Türspalt

E

egendomlig	merkwürdig
eko -t -n	Echo
elände -t -n	Elend
emedan	während
en	hier: man
endräkt -en	Eintracht
Epaingenjör -en -er	(scherzh.) Ingenieur mit kürzerer Ausbg.
ett tag	eine Zeit
expressbyrå -n -er	Fuhrgeschäft (altertümlich)

F

fallegammal	gebrechlich
farstubro -n -ar	überdachter Eingang
fasadklättring -en -ar	Fassadenklettern
fasligt besvär -et-	schreckliche Mühe
fastnål/a -ar -ade -at	anstecken
fatt/a -ar -ade -at	verstehen
filmjölk -en	Schwedenmilch
flyt/a -er, flöt, flutit	fließen
flyttningslass -et -	Umzugsfuhre
flämt/a -ar -ade -at	keuchen
flämtning -en -ar	Stöhnen
fnöske -t -n	Zunder
foderbrist -en -er	Futtermangel
fordr/a -ar -ade -at	fordern
fort/fara -far -for -farit	fortfahren
fortplant/a -ar -ade -at (åld.)	
plantera	fortpflanzen, begründen

fram/håll/a -er -höll -hållit	hervorheben, betonen
frest/a -ar-ade-at	in Versuchung führen
fruntim/mer -ret -	Frauenzimmer
frys/a -er, frös, frusit	gefrieren
fuktig	feucht
fullkomlig	vollkommen
fållning -en -ar	Säumen
får -et -	Schaf
fäkreaturslakt -en -er	Viehschlachtung
fäll/a -an -or	Falle
fängelsevan/a -an -or	Gewohnheit im Gefängnis zu sein
fästmö -n -r	Verlobte
förbann/a -ar -ade -at	verwünschen
fördelaktigt utseende	gut aussehend
fördragsgardin -en -er	Gardine z. Zuziehen
före/dra -r -drog -dragit	vorziehen
förebrående	vorwurfsvoll
för/fader -fadern -fäder	Ahn, Vorfahr
för/gör/a förgör, -gjorde -gjort	vernichten
förhindr/a -ar -ade -at	verhindern
förhärd/a -ar -ade -at	verhärten
förkross/a -ar -ade -at	vernichten
förkväv/a -er -de -t	ersticken
förlam/a -ar -ade -at	lähmen
förspill/a -er -de -t	vergeuden
försäkr/a -ar -ade -at **sig**	sich vergewissern
förtegen	verschwiegen
förtret -en	Ärger, Verdruss
för/tryt/a -er -tröt -trutit	verdrießen
förtröstan (best. f.)	Zuversicht
förtär/a förtär, -de -t	verzehren
förundr/a -ar -ade -at **sig**	sich verwundern
förundrad	verwundert
förutspå -r -dde -tt	voraussagen
förvillad	verwirrt
förvärvsarbet/a -ar -ade -at	erwerbstätig sein
förändr/a -ar -ade -at	verändern
föröd/a -er -de, förött	verheeren

G

gaggig	verwirrt, senil
ge -r, gav, givit **ngn ett** handtag	jmdm. helfen
gisten	morsch

glapp/a -ar -ade -at	hier: verschwinden	hemlängtan	Heimweh
gles	vereinzelt	hemman -et -	Bauernhof
glip/a -an -or	kleine Öffnung, Spalt	hett/a -an	Hitze
glo -r, glodde, glott	glotzen	himlakup/a -an	Himmelsgewölbe
glupsk	gefräßig	hitintills	bisher
glädjeilning -en -ar	Freudenschauer	hjärn/a -an -or	Gehirn
gnistr/a -ar -ade -at	funkeln	hop/a -ar -ade -at **sig**	sich häufen
gnällig	nörgelig	hopkrupen	zusammengekauert
granntomt -en -er	Nachbargrundstück	hundvakten	die Hundewache
gransk/a -ar -ade -at	prüfen		(Nachtwache)
gren -en -ar	Ast	husgeråd -et -	Hausrat
grepp -et -	Griff	hyresgäst -en -er	Mieter/-in
grimas -en -er	Grimasse	hyrkusk -en -ar	Mietkutscher
gro -r -dde -tt	keimen	håll/a -er, höll, hållit **på**	beschäftigt sein
gruv/a -ar -ade -at **sig**	unruhig sein	håll/a -er, höll, hållit **sig**	
gruvlig	schauerlich	undan	sich zurückziehen
grym	grausam	hån -et	Hohn
gryning -en -ar	Morgengrauen	häck -en -ar	Hecke
gräm/a -er -de -t **sig**	sich grämen	hädelse -n -r	Lästerung
grämelse -n -r	Gram	häll/a -er -de -t	gießen
gröd/a -an -or	Ernte, Saat	hänsynslös	rücksichtslos
gudaktig	gottesfürchtig	häpen	erstaunt
gudomlig	göttlich	hästlass -et -	Pferdefuhre
gudskelov	gottlob	hölje -t -n	Umhüllung, Decke
gung/a -ar -ade -at	schwanken,	hösudd -en -ar	Heubüschel
	schaukeln		
gå -r, gick, gått **till**	vor sich gehen		
gå -r, gick, gått **till väga**	zugehen		
gå -r, gick, gått **upp mot**		i alla skiften	in allen Lebenslagen
ngt	über (etwas) gehen	i förtid	vorzeitig
gårdfarihandlare -n -	Hausierer	i onödan	vergebens
gåv/a -an-or	Geschenk	i sinom tid	zu gegebener Zeit
gäck/a -ar -ade -at	täuschen, spotten	ifred	in Ruhe
gäll	schrill	inbrottstjuv -en -ar	Einbrecher
gärning -en -ar	Tat	ingen återvändo	kein Zurück
gödsl/a -ar -ade -at	düngen	inne/bära -bär, -bar, -burit	bedeuten
göm/ma -mer -de -t	aufheben	innebörd -en -er	Bedeutung
göra gör, gjorde, gjort		inredning -en -ar	Einrichtung
detsamma vilket	gleich sein	insikt -en -er	Einsicht
		inte gå -r, gick, gått **an**	sich nicht schicken
		inte rå -r -dde -tt **för ngt**	nichts dafür können
		in/träd/a -er –trädde -trätt	eintreten
hag/e -en -ar	Koppel, Weide	invid	neben
hallonbusk/e -en -ar	Himbeerstrauch	invärtes	im Inneren
halvåtting -en -ar	halbes Achtel	isyning -en -ar	Annähen
handklov/e -en -ar	Handschelle	ivrig	eifrig
handtag -et -	Türgriff		
harmsen	erbittert		
harv/a -ar -ade -at	eggen		

J

joggare -n -	Jogger
jungfru -n -r	Dienstmädchen
jämr/a -ar -ade -at **sig**	sich beklagen
jämte	nebst

K

kal	kahl
kapp/a -an -or	Absatz
karsk	mutig
kaskad -en -er	Kaskade
katekes -en -er	Katechismus
kavaj -en -er	Sakko
kist/a -an -or	Sarg
kliv/a -er, klev, klivit **in**	herein kommen
klottr/a -ar -ade -at	kritzeln
kläm/ma -mer -de -t **fram**	herausrücken
klöver -n -	Klee
knackning -en -ar	Klopfen
knyt/a -er, knöt, knutit	ballen
knäpp/a -er -te -t	
händerna	die Hände falten
kok/a -an -or	Erdklumpen
kommissionskontor -et -	Arbeitsvermittlung
	(altertümlich)
korn -et	Gerste
kryddbod -en -ar	Feinkostladen
krymp/a -er -te -t	schrumpfen
krök/a -er -te -t	krümmen
käll/a -an -or	Quelle
käring -en -ar	Alte
kärl -et -	Gefäß
kärv	hart
kärv/e -en -ar	Garbe

L

lagårdstak -et -	Stalldach
latbänk -en -ar	faule Haut
ledning -en -ar	Leitung
lid/a -er, led, lidit	leiden
linning -en -ar	Bündchen
ljud -et -	Geräusch
ljudlös .	lautlos
ljungeld -en -ar	Blitz
låg/a -an -or	Flamme
läcker	lecker
läte -t -n	Geräusch

lättretad	reizbar
lönn -en -ar	Ahorn

M

maka -an -or	Ehefrau
med nöd och näppe	mit Mühe und Not
mening -en -ar	Sinn, Meinung
minsann	wirklich
missbruk/a -ar- ade -at	missbrauchen
misstrogen	misstrauisch
misströst/a -ar -ade -at	verzweifeln
misstänk/a -er -te -t	verdächtigen
missväxt -en -er	Missernte
mist/a -er, miste, mist	verlieren
mjärd/e -en -ar	Reuse
mjölkstäv/a -an -or	Milcheimer
mordbrännare -n -	Brandstifter
motsvar/a -ar -ade -at	entsprechen
mull -en	Erde
mullr/a -ar -ade -at	grollen
muln/a -ar -ade -at	beziehen
mundering -en -ar	Ausrüstung
must -en	Saft, Kraft
myll/a -ar -ade -at **ner**	mit Erde bedecken
mäkt/a -ar -ade -at	schaffen
mörker mörkret	Dunkelheit

N

naken	nackt
narr/a -ar -ade -at	anführen
nedervåning -en -ar	Erdgeschoss
nek -en -ar	Garbe
nisch -en -er	Nische
noga an/ge -r -gav -gett	genau angeben
nubb/a -ar -ade -at **fast**	mit Heftzwecken
	befestigen
nytt/a -an	Nutzen
nå	erreichen
näring -en -ar	Nährstoffe
närvaro -n	Gegenwart
nät -et -	Netz
näv/e -en -ar	Faust
nöd -en	Not

O

obekymrad	unbekümmert
oförändrad	unverändert
ogenomtränglig	undurchdringlich
om intet	zunichte
oombedd	ungebeten
orättvis	ungerecht
oskyddat	ungeschützt
otätt	undicht
ovetenhet -en	Unwissenheit
ovän -nen -ner	Feind
oår -et -	Notjahr

P

pass -et -	Runde
patrask -et -	Gesindel
pepparmynt/a -an -or	Pfefferminze
piket -en -er	Einsatzwagen
pin/a -ar -ade -at	peinigen
plank/a -an -or	Brett
plant/a -ar -ade -at	pflanzen
plåg/a -ar -ade -at	plagen
plåttak -et -	Blechdach
plöj/a -er -de -t	pflügen
prassl/a -ar -ade -at	rascheln
profil -en -er	Profil
propp -en -ar	Sicherung
påkall/a -ar -ade -at	zu Hilfe rufen
på/minn/a -er -minde	
-mint **sig**	sich einer Sache
	erinnern

R

rand/a -ar -ade -at	mit Streifen versehen
rask	gesund
redigt	deutlich
rekvirer/a -ar -ade -at	bestellen
rens/a -ar -ade -at **bort**	aussortieren
rent av	geradezu
ridå -n -er	Vorhang (Theater)
ruttn/a -ar -ade -at	faulen
ruv/a -ar -ade -at	brüten
råd/a -er, rådde, rått	raten
råd/gör/a -gör -gjorde -gjort	sich beraten
råg -en	Roggen
råk/a -ar -ade -at **vara**	zufällig sein
råk/as -as -ades -ats	sich treffen

råm/a -ar -ade -at	brüllen
räfs/a -ar -ade -at	harken, rechen
räfspinn/e -en -ar	Rechenzinke
räkning -en -ar	Rechnung
rättfärdig	gerecht
rättvis/a -an -or	Gerechtigkeit
räv -en -ar	Fuchs
rörelse -n -r	Bewegung
rörmokare -n -	Rohrleger

S

sag/a -an -or	Märchen
schema -t -n	Schema
sextondel -en -ar	Sechzehntel
silltunn/a -an -or	Heringstonne
sin/a -ar -ade -at	aufhören, Milch zu
	geben
sitt/a -er, satt, suttit **illa till**	schlecht davor sein
skamsen	beschämt
skapelse -n -r	Schöpfung
sken -et -	Schein
skifte -t -n	Wechsel
skiljas skils, skildes, skilts	sich scheiden
skingr/a -ar -ade -at	zerstreuen
skinn -et -	Haut
skojig	spaßig
skorp/a -an -or	Kruste
skrap/a -ar -ade -at	kratzen
skrin -et -	Schrein, Kästchen
skräck -en	Schreck(en)
skräll -en -ar	Knall
skräm/ma -mer -de -t	erschrecken
skrämd	eingeschüchtert
skräm/ma -mer -de -t **ihjäl**	zu Tode erschrecken
skugg/a -an -or	Schatten
skuldmedveten	schuldbewusst
skumt	schummerig
skvallr/a -ar -ade -at	verraten
skvalp/a -ar -ade -at	schwappen
skymm/a -er, skymde,	
skymt	verdecken
skymt/a -ar -ade -at	auftauchen
skår/a -an -or	Schnitt
skäl -et -	Grund
skänk -en -er	Geschenk
skäpp/a -an -or	Scheffel
skärpa -n	Schärfe
sladd -en -ar	clcktr. Schnur

slipp/a -er, slapp, sluppit	nicht brauchen
slung/a -ar -ade -at	schleudern
slut/a -ar -ade -at	schließen
slå -r, slog, slagit **ut**	ausschlagen
slåtter -n, slåttrar	Heuernte
släkte -t -n	Geschlecht
släpp/a -er -te -t **lös**	entfesseln
släpp/a -er -te -t	aufgeben
smattr/a -ar -ade -at	prasseln
smyg/a -er, smög, smugit	schleichen
smäd/a -ar -ade -at	schmähen
smärt om livet	eine schlanke Taille
snar till gräl	leicht in Streit geraten
snarkning -en -ar	Schnarchen
sniff/a -ar -ade -at	schnüffeln
snäs/a -er -te -t	anschnauzen
solgult konceptpapp/er	
-ret -	billiges Schreibpapier
somt = somligt	einiges, manches
sopnedkast -et -	Müllschlucker
sorgflor -et -	Trauerflor
sorgsen	traurig
spillråg -en	herausgefallener
	Roggen
spinkig	spindeldürr
spir/a -ar -ade -at	sprießen
spiselhäll -en -ar	hier: die Steinplatte
	des Kamins
spjut -et -	Speer
sprak/a -ar -ade -at	knastern
sprid/a -er, spred. spridit	verbreiten
spåntak -et -	Spandach
spår -et -	Spur
spänd förväntan	gespannte Erwartung
staket -et -	Zaun
stam -men -mar	Stamm
steg -et -	Schritt
stel	steif
stenskärv -en -ar	Steinsplitter
stick/a -er, stack, stuckit	
ihjäl	totstechen
sticktäcke -t -n	gestrickte Decke
stillsamt	ruhig, friedlich
stirr/a -ar -ade -at	starren
stirr/a -ar -ade -at **stint**	starr ansehen
stoft -et -	sterbliche Überreste
stop -et -	Krug
stoppfull	bis an den Rand
	gefüllt

straff/a -ar -ade -at	bestrafen
straffdom -en -ar	Strafgericht
stret/a -ar -ade -at **uppför**	
backen	sich einen Berg
	hinaufquälen
strid	strömend
strimm/a -an -or	Streifen
strå -et -n	Halm
sträv	rauh
strömm/a -ar -ade -at	strömen
stubb -en -ar	Stoppeln
stund/a -ar -ade -at	bevorstehen
stundom	bisweilen, zuweilen
styrk/a -an -or	Stärke
stå -r, stod, stått **på**	andauern
ställe -t -n	Anwesen, Hof
stängs/el -let -len	Abzäunung
stätt/a -an -or	Treppe über eine
	Mauer
stödj/a stöder, stödde, stött	stützen
stört/a -ar -ade -at	stürzen
suck/a -ar -ade -at	seufzen
svaj/a -ar -ade -at **till**	plötzlich schwanken
svedd	versengt
svett -en	Schweiß
svulten	ausgehungert
säng/a -er -de -t	schwingen
syn -en -er	Erscheinung
syskon -et -	Geschwisterchen
syssl/a -ar –ade -at **med**	sich beschäftigen
Systemet	Abk. für System-
	bolaget
så -r, sådde, sått	säen
således	also
såll -et -	Sieb
sån = sådan	solcher, solche,
	solches
sädesbing/e -en -ar	Kasten für die Saat
sällsynt	selten
sängkant -en -er	Bettkante
sätt/a -er, satte, satt **sig**	
upp emot ngn	sich gegen jmdn.
	auflehnen

T

ta -r, tog, tagit **för givet**	für selbstverständlich
	nehmen
ta -r, tog, tagit **vara på sig**	
själv	für sich selbst sorgen

ta -r, tog, tagit **passet**	an der Reihe sein
ta -r, tog, tagit **tillvara**	hier: ansammeln
tafatt	unbeholfen
tambur -en -er	Flur
tapetserare -n -	Tapezierer
Tempo	ehemalige Waren- hauskette
tig/a -er, teg, tigit	schweigen
tillsluten	verschlossen
tillträd/a -er -de, tillträtt	antreten
tjän/a -ar -ade -at **ingen-** **ting till**	nichts nützen
tjänsteflick/a -an -or	Dienstmädchen
tjänstledig	dienstfrei
torkmoln -et	trockene Wolken
tramp/a -ar -ade -at	treten
trasig	kaputt
tryck/a -er -te -t **på** **sinnena**	das Gemüt bedrücken
trångmål -et -	Bedrängnis
träd/a -an -or	Brache
tränare -n -	jmd. der trainiert
träng/a -er -de -t **igenom**	durchdringen
trät/a -er -te -t	zanken
trög	träge
tröst/a -ar-ade-at	trösten
tuberkelfri	frei von Tuberkel- bazillen, keimfrei
tuggummi -t -n	Kaugummi
tuktad	gezüchtigt
tungsint	schwermütig
tunnland -et -	ca. ½ Hektar
tvivl/a -ar -ade -at	zweifeln
tvärs	quer
tvärtom	im Gegenteil, umge- kehrt
ty	denn
tyck/a -er -te -t **sig se**	zu sehen glauben
tömning -en -ar	Leerung
törst/a -ar -ade -at **ihjäl**	verdursten

U

udda	ungerade
um/bära -bär -bar -burit	entbehren
undanskymt	versteckt
undergiven	untergeben
und/komm/a -er -kom -kommit	entkommen

uppenbart	offenbar
uppflängd	aufgerissen
uppröjning -en -ar	Aufräumen
uppsyn	Miene
uppsägning -en -ar	Kündigung
urblåst	ausgeblasen
utan gnissel gnisslet	reibungslos
utgjutelse -n -r	Erguss
utrot/a -ar -ade -at	ausmerzen

#

vanvård/a -ar -ade -at	vernachlässigen
vara är, var, varit **mörk-** **rädd**	sich im Dunkeln fürchten
vara är, var, varit **osams**	uneinig sein
varken till eller ifrån	keine Bedeutung haben
varsl/a -ar -ade -at **om**	ankündigen, hier: bedeuten
varsn/a -ar -ade -at	gewahr werden
veder/faras -fars -fors -farits	widerfahren
vedspis -en -ar	Herd für Holzfeuerung
vida värre	noch schlimmer
vidg/a -ar -ade -at	weiten
vidsträckt	ausgedehnt, weit
vik/a -er, vek, vikit **undan**	nachgeben
villfarelse -n -r	Irrtum, Wahn
vilt -et	Wild
vinda -ar -ade -at **upp**	hochwinden
virvl/a -ar -ade -at	wirbeln
viss	sicher
visshet	Gewissheit
vissn/a -ar -ade -at	verwelken, welken
vitn/a -ar -ade -at	weiß werden
vittring -en -ar	Witterung
vresig	mürrisch
våldsverkare -n -	Gewalttäter
våll/a -ar -ade -at	verursachen
vårsäde -t -n	Frühjahrssaat
våtår -et -	nasses Jahr
vänj/a -er, vande, vant **sig**	sich gewöhnen
värdeföremål -et -	Wertgegenstand
väsen -det -	Wesen, Lärm
västan (best. f.)	milder, westlicher Wind
vät/a -er, vätte, vätt	netzen, benetzen
väta n	Nässe

ynklig   erbärmlich

ålderdom -en   Alter
åldring -en -ar   alter Mensch, Greis
årskvig/a -an -or   diesjährige Jungkuh
åskskur -en -ar   Gewitterschauer
åsyn -en -er   Anblick
återerövr/a -ar -ade -at   zurückerobern
åtr/a -ar -ade -at **sig**   sich eines anderen
          besinnen
åtsnörd   zusammengeschnürt

äg/a -er -de -t   besitzen
äktenskap -et -   Ehe
ändock   trotzdem
äng -en -ar   Wiese
änglavakt -en -er   Engelschutz
ärv/a -er -de -t **ngn**   erben, beerben
äventyrlig   abenteuerlich

ögonvrå -n -r   Augenwinkel
öm   empfindlich,
          schmerzend
ömsesidig   beiderseitig
östan (best. f.)   östlicher Wind
överväg/a -er -de -t   erwägen
överlast/a -ar -ade -at   überladen
överseende   Nachsicht
överstruket   durchgestrichen
överströ -r -dde -tt   überstreuen
övertänd   in Flammen stehen

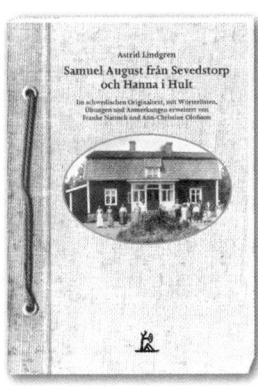

Samuel August från Sevedstorp och Hanna i Hult von Astrid Lindgren

im schwedischen Originaltext

In dieser Novelle erzählt Astrid Lindgren die Liebesgeschichte ihrer Eltern.
Die Bearbeitung ist für Fortgeschrittene ab dem B1-Niveau geeignet.
Mit textbegleitenden Wortübersetzungen und Übungen.
ISBN 978-3-933119-50-6 • 80 S. • € 8,90

Sjung med oss mamma

Schwedische Lieder von Alice Tegnér

37 Lieder auf CD mit Textbuch

Mit vielen bekannten schwedischen Liedern in einer gelungenen Interpretation von Alice Babs u. a.
ISBN 978-3-933119-40-7 • € 13,95

Lättläst-Taschenbücher im GROA Verlag:

Körkarlen
von Selma Lagerlöf

Bearbeitung: Cecilia Davidsson

Der Geselle des Todes, „Körkarlen", steht am Bett der sterbenden Schwester Edith. Doch vor ihrem Tod will sie noch einmal mit dem Mann sprechen, den sie liebt.
ISBN 978-3-933119-85-8 • 104 S. • € 9,95

Lättläst
✔ leicht zu verstehen
✔ einfaches Vokabular
✔ kurze Sätze

Herr Arnes penningar
von Selma Lagerlöf

Bearbeitung: Gerd Karin Nordlund

Eine Geschichte aus alten Zeiten über Geister und Mörder
ISBN 978-3-933119-90-2 • 64 S. • € 7,95

Dödens och suckarnas stad
Ett stillsamt litet mord
Ormblomman
von Håkan Nesser

Bearbeitung: Johan Werkmäster

Drei Krimis von einem der beliebtesten Autoren Schwedens.

ISBN 978-3-933119-65-0 • 160 S. • € 11,95

Döden och kärleken i Kumla
von Håkan Nesser

Bearbeitung: Johan Werkmäster

Es ist Sommer 1967. Der 16-jährige Mauritz wohnt in dem langweiligen Ort Kumla. Er ist verliebt in die schöne Nachbarstochter. Dann geschieht plötzlich ein Mord ...

ISBN 978-3-933119-75-9 • 152 S. • € 11,95

Mannen på stranden
Fotografens död
von Henning Mankell

Bearbeitung: Johan Werkmäster

Zwei Krimis mit Kommissar Kurt Wallander

ISBN 978-3-933119-45-2 • 120 S. • € 9,95

Arn - Vägen till Jerusalem
von Jan Guillou

Bearbeitung: Johan Werkmäster

Ein historischer Abenteuerroman, der sich im 11. Jahrhundert in Schweden und Dänemark abspielt

ISBN 978-3-933119-70-4 • 192 S. • € 11,95

Weitere Informationen, z. B. über das Lehrwerk Tala svenska, erhalten Sie auf www.groa.de.

GROA
VERLAG

Preisänderung und Irrtum
vorbehalten
Stand: 01.10.2012